創建
公平和關愛社會

香港**民生政策**的得與失

周永新 著

中華書局

□ 責任編輯：黎彩玉
□ 裝幀設計：胡春輝
□ 排　版：黎品先
□ 印　務：劉漢舉

創建公平和關愛社會
——香港民生政策的得與失

□ 著者
周永新

□ 出版
中華書局（香港）有限公司
香港北角英皇道 499 號北角工業大廈一樓 B
電話：（852）2137 2338　傳真：（852）2713 8202
電子郵件：info@chunghwabook.com.hk
網址：http://www.chunghwabook.com.hk

□ 發行
香港聯合書刊物流有限公司
香港新界大埔汀麗路 36 號
中華商務印刷大廈 3 字樓
電話：（852）2150 2100　傳真：（852）2407 3062
電子郵件：info@suplogistics.com.hk

□ 印刷
美雅印刷製本有限公司
香港觀塘榮業街 6 號 海濱工業大廈 4 樓 A 室

□ 版次
2017 年 7 月初版
© 2017 中華書局（香港）有限公司

□ 規格
特 16 開（223 mm×160 mm）

□ ISBN：978-988-8463-94-7

序言

　　2013 年 6 月，中華書局（香港）有限公司為我出版《社會政策的觀念和制度》一書。2013 年到現在又過了四年的時間，期間，香港發生了很多令香港人憂心的事，甚至有些人會問：香港還是我們認識的香港嗎？

　　梁振英先生於 2012 年出任行政長官，至今五年，香港經歷了一段很不平凡的日子，特別在政制改革方面出現的爭拗，導致後來「佔中」和「佔旺」等行動，社會也呈現嚴重的撕裂。香港的政制發展何去何從？今年（2017 年）7 月上任的行政長官林鄭月娥女士說：待政治氛圍適合後才再討論。

　　香港的政局動盪不安，最終還是要找出一條出路。不過，對一般市民來說，政制發展真的要找到出路才可談其他嗎？我常常留意時事新聞，發覺市民所關注的議題，除了在特殊時刻，如「佔中」期內，還是一些與大眾有切合利益的民生事件，政府的房屋政策便常排列在首位；近兩三年來，樓價瘋狂飆升和年輕人置業困難，令市民憂心忡忡，質疑政府推行的房屋政策，是「以民為本」，還是維護地產商的利益？除房屋政策外，全民退休保障應否推行，公共醫療服務如何改善，殘疾人士

院舍質素欠佳、教育資源分配不均等，通通都是媒體大幅報道的題目，至今仍是爭議不決。林鄭月娥女士上任後，看來這些民生議題還是要處理的。

就是為了這個緣故，從今年開始，我着手重新修訂 2013 年出版的《社會政策的觀念和制度》一書。與其說修訂，其實是重頭改寫一次，特別是附加的「專題分析」，全部都是貼近過去四年媒體報道最多的民生事件。修訂開始後，剛好政府統計處於今年 2 月發表《2016 年中期人口統計簡要分析》，我便可以用上最新數字，專題分析也不會與實際社會情況相差太遠。書名改為《創建公平和關愛社會——香港民生政策的得與失》，書名加上「創建公平和關愛社會」，是自己對林鄭月娥女士出任行政長官以後的期望，猶如我在第十章結語最後一段說的：

「在本書結束時，還想提出兩個觀點：第一，發展是由經濟發展和社會發展兩方面所組成的，但香港政府和市民，一般只看經濟發展，常說『餅造大了』，問題便可解決。這是錯誤的！歷史證明，資源增加了，若分配不平均，使用不得其法，只會在社會上製造更大怨氣，使市民更不滿意政府的表現。如何取得市民的信任？政府不要再迷信經濟發展是唯一的靈丹妙藥，只有均衡的社會和經濟發展，才會給香港社會帶來穩定和進步。第二，社會服務的功能，並不限於滿足市民在教育、住屋、醫療和福利等方面的需要，更重要是表達了市民對需要者的關懷，也給普羅大眾明確的信息：香港是講公平的，是有愛心的，是重視操守的，是對人抱有盼望的。」

本書得以完成，再一次感謝黎彩玉女士的幫忙和鼓勵。

目 錄

第十章　結 語：創造關愛和公平的社會

專題分析

附錄　與社會服務發展有關的諮詢和決策文件

本書用詞簡釋

第一章

香港的社會政策
——理念與實踐

- 「社會政策」對香港市民仍是陌生的概念，但只要生活在香港這個城市，誰又可與政府提供的教育、醫療、公共房屋、社會保障、福利等服務沒有關係？

- 早期的社會福利，受到華人社會傳統觀念及西方宗教思想的影響，常被當作慈善和救濟的代名詞，救災扶弱是二次大戰後最普遍和廣泛的福利事業。

- 1953 年的一場大火，開社會福利的先河，香港政府由此走上承擔市民福祉的不歸路。

- 上世紀七十年代開始，在麥理浩出任港督的十年裏，教育、醫療、公共房屋和福利，成為穩定社會的「四大支柱」。

- 《基本法》訂明，香港居民有依法享受社會福利的權利。因此，政府承擔為市民提供各項社會服務的責任，市民也有權按照法例使用社會服務。

- 香港特區成立後，政府以「發展經濟、改善民生」為口號，按照實際的經濟條件和社會需要，制定各項社會政策。

從社會福利到社會政策

　　嚴格來說，香港各項社會服務——教育、醫療、房屋、福利——
的發展只是第二次世界大戰結束後才開始的事。上世紀六七十年代的港
督戴麟趾曾表示，政府制定社會政策始於 1953 年石硤尾大火後的公共
房屋計劃，但五十年代期內，香港百廢待興，政府實在沒有力量周詳地
策劃各種社會服務。到了六十年代，香港工業發展漸上軌道，政府收入
增加，而政府也深信中國大陸政權易手後逃港的難民，將不再返回大
陸，他們將長久地在香港定居。因此，為了穩定社會，有計劃地推行各
項社會服務便是當前急務。

　　六十年代初，香港政府制定「廉租屋」政策，特別為收入低微的家
庭提供住屋，有異於應急性的徙置措施。1964 年，政府相繼發表教育
和醫療服務發展白皮書，希望在十年內，可以為居民提供基本的教育和
醫療服務。1965 年，政府發表社會福利發展白皮書，顯示出政府對社
會福利的重視。綜合而言，到了六十年代中，各項社會服務有了發展計
劃，自此以後，政府每隔若干年，便對各項社會服務進行檢討，並重新
訂立發展策略。這種情況大致維持到 1997 年香港回歸祖國。

　　香港特區政府成立以後，開始時，各種社會服務的規劃還是有的。
例如房屋方面，公營和私營每年合共興建八萬五千個單位；教育方面，
第一任行政長官董建華宣佈，政府將大力增加大專學額，目標是六成適
齡青少年皆能接受專上教育。不過，政府對社會服務的規劃，形式卻與

回歸前有分別。首先，政府不再如以往般發表「白皮書」，連收集民眾意見的「綠皮書」也沒有了，取而代之的是以諮詢形式提出來的建議，更多在政策制定後才由特首在「施政報告」中公佈。其次，規劃不一定有發展的年期，只說目標要多少時間才能達到。

　　社會服務規劃形式的轉變，這些只是可以看得見的部分，看不見的背後理念才更重要。這樣，戰後七十年來，特別在九七回歸的前後，社會服務背後的理念出現了怎樣的改變？社會政策的制定受了什麼思想的影響？在社會福利的發展過程中，有什麼值得留意的環境因素？與其他社會比較，香港社會福利的發展，理念上有什麼獨特的地方？

傳統觀念和宗教信仰

　　香港社會以華人佔絕大多數，所以性質上主要是華人社會。華人社會的福利制度，環繞着家庭和宗族關係建立起來，所謂「老吾老以及人之老，幼吾幼以及人之幼」，另外加上追求大同社會的願望，和佛教宣揚的佈施精神，遂成為華人社會的福利觀念。

　　作為一個華人社會，香港承傳的福利觀念，與其他華人社會並沒有很大的差異。在第二次世界大戰前，政府在社會服務方面承擔的責任是微乎其微，有的只是應付難民急迫需要的救濟措施。事實上，直至六十年代末，華人遭遇困境的也很少主動向政府尋求協助，也沒有人認為教

育和醫療服務是政府的責任。在這段期內，家庭提供的協助是最可靠；若個人無親無故，便只得倚賴以宗族和鄉里關係為凝聚力量的宗親會和同鄉會等。至於根據傳統慈善觀念建立的團體如東華三院、保良局等，則是社會上一切貧苦人士最後的「避難所」，代表着社會上博愛和普渡眾生的精神。

傳統的慈善觀念曾長期發揮救苦安危的作用。今天看來，這種觀念下產生的組織有不少令人詬病的地方，但過去不少人卻因此在危難中得到幫助，患病的得到醫治，貧苦人家的子弟有書讀。當然，時移勢易，傳統的慈善觀念失去意義，只可歸咎環境變了，一些以傳統觀念為基礎的組織不再發揮如過往般的作用。

除華人社會的因素外，香港社會福利的發展亦在很大程度上受到西方宗教思想的影響。到了今天，仍有眾多教育、醫療和福利機構與天主教和基督教有密切的關係。回顧過去百多年社會服務的發展，教會團體應是最重要的推動力量。教會團體在社會服務方面佔據的優勢，除來自西方各國的龐大捐款外，更重要的是傳教士多曾接受高深教育，因而帶來新觀念，並在香港建立了新的制度和服務。例如西方形式的學校和醫院，便不是香港開埠初期憑藉本身的條件可以建立的。

教會團體對社會服務產生的影響，過去有不少討論。教會建立的學校、醫院和福利機構，是市民表面上看得到的組織，但教會本身信奉的教義，及他們對社會福利的看法，又是否得到市民的認同？對香港社會福利思想的發展有什麼影響？現在可以確定的是，早期教會團體在提供服務時，多與傳教工作連在一起，因而接受服務的人士多少也受到薰

陶，特別在教會學校就讀的學生，數據顯示有較高比例日後成為信徒，間接地把教會團體的福利觀念傳遞開去。

　　簡單來說，由外地前來香港服務市民的教會，最看重的是耶穌宣揚的「愛人如己」的道理，強調的是關愛的普世價值。「愛人如己」的信念驅使不少傳教士長途跋涉的來到香港，服務一些與他們全無種族或親屬關係的人。這種精神誠然可貴，但與中國傳統上「推己及人」的觀念卻顯得格格不入。前面講過，香港華人社會的組織以家庭為重心，所強調的是親疏遠近的關係，即自己有力量幫助別人，也必須首先考慮次序的排列。至於不論親疏關係，單以別人的需要作為準則的博愛主義，並不是大部分香港居民普遍接受的。因此，很多市民在接受援助之餘，若要他們也同樣無條件，甚至犧牲個人利益去協助他人，卻不是他們樂意和認為應該做的事。

　　從以上角度看，教會宣揚的忘我精神，實在未能成為香港福利觀念的主流思想。不過，教會也培植了不少社會服務人才，他們數目雖少，但對社會服務的發展卻有極大影響力，其中部分更且有機會參與政府社會政策的制定，如成為各級議會的議員，因而表達了教會的信念。

殖民地政府遺留下來的福利觀念

　　思想是個人的，社會政策的制定卻必須考慮社會環境的因素。香港

自開埠以來直至 1997 年回歸，一百五十多年殖民地管治，期內香港市民雖享有較大的自由和穩定，但殖民地政府存在的弊端亦不可忽視。首先，殖民地政府對社會服務的承擔態度十分謹慎，常自圓其說這是要符合香港自由經濟的需要，但顯而易見，這樣限制社會服務的支出，間接造成社會貧富不均。殖民地政府為什麼這樣消極的對待社會服務？其真相外人知道不多，但殖民地政府最看重的是有效管治，而當時政府官員堅守的信條是：以最少數量的資源來達到最顯著的效果，所以政策是否可以徹底解決問題，或他們的決定是否能夠締造公平的社會，這些並不是他們關心的。

　　簡而言之，回歸前的殖民地政府，並沒有固定的福利理念；在歷任港督中，麥理浩和尤德最多也只提及政府必須關心市民的福祉，市民也必須互相協助，但更長遠的目標，政府並沒有清晰的觀念。至於當時因從事社會服務而受委或被選入成為立法局議員的，他們雖曾提出不少改善服務的意見，或協助推動教育、醫療，公共房屋和福利服務的發展，但他們表達的哲理思想，不是內容貧乏，便是缺乏連貫性和統一性。這種情況所以存在，一來殖民地政府只會要求議員對具體問題提供解決辦法，二來議員為了博取市民的好感，也較注重一些迫切的社會問題，而忽略了他們對整體社會發展的意見。殖民地政府也不容許政黨政治，沒有政黨，連貫性的福利主張不會提出來討論。這樣，殖民地政府雖有效率地推行各項社會服務，但負責執行任務的工作人員，除盡忠職守外，對服務本身的意義不會深究，執行任務以外的事也很少會提出疑問。

　　自上世紀七十年代開始，一些關注社會事務的團體相繼成立，政府

稱這些組織為「壓力團體」，表示這些團體與政府並非持有相同意見。這些團體包括香港基督教工業委員會、社區組織協會、公屋評議會、香港觀察社、教育行動組、香港教育專業人員協會等。除以上團體外，很多社團組織對社會政策的制定亦表示關注，並經常舉辦座談會和研討會等，深入討論各項有關問題的應對策略。

隨着環境轉趨複雜，社會上出現持不同意見的團體是十分自然的事，政府和社會服務機構不能期望市民只接受服務，而不對服務背後的政策提出異議；因此，七十年代出現的意見或壓力團體是非常健康的現象。殖民地政府或許覺得這些團體與政府作對，抨擊政府制定的政策，但一般市民對這些團體多有較佳的印象，覺得它們代表社會裏的不幸人士提出意見，對提供服務的政府部門也發揮了外間監察的作用。

壓力團體是日後不少政治組織的前身，它們的存在價值是值得肯定的。它們鼓吹的是怎樣的思想？意見和壓力團體各有不同目的，自然很難一概而論，但詳細分析它們的主張，及批評政府政策時所持的論據，也可略見端倪。有一點特別值得注意的是，這些壓力團體的領導層，多曾在北美洲和英國留學和居住，他們在外國居留的時間未必很長，但對於當地社會的制度，他們定然有深刻的印象；從他們發表的意見看來，也明顯表示他們曾得到外國制度和思想潮流的啓發。

北美洲和英國的社會福利制度背後的理論是什麼？以後有詳細討論，但整體來說，這些國家多傳統上稱為「福利國家」。「福利國家」概念在二十世紀初出現，但真正得到推行，卻是第二次世界大戰以後的事。簡單來說，「福利國家」指政府承擔照顧人民福利的責任，這種觀

念得到接受，自然有本身的歷史條件，但相對於殖民地政府對市民生活只作有限度的承擔，確實不可同日而語。難怪他們對當地社會制度多有好感。

其實，「福利國家」概念在香港也不是一個絕對陌生的名詞。六十年代末，曾有兩三位英國「費邊社」（Fabian Society）成員前來香港大學任教。費邊社是社會主義派別之一，主張以溫和手段進行社會改革，極力鼓吹各國政府成立類似「福利國家」的制度。「福利國家」概念近年來已不太受歡迎，但在上世紀七十年代十分流行。香港當時的壓力團體，提出的意見和主張雖未必與「福利國家」概念完全吻合，但兩者十分接近。例如，一些壓力團體認為政府應對市民的生活承擔較大的責任，建立全民的醫療和退休保障制度，又認為社會服務上應根據市民的需要進行分配，不應按照市場的供求規律。

壓力團體的主張未必取得香港一般市民的認同。實際上，多數市民對「福利國家」概念的含義一無所知，但這些主張對他們的生活會帶來利益，他們也沒有理由加以拒絕。壓力團體雖多認同「福利國家」制度，但他們亦很少以此作為他們爭取的目標：一來殖民地政府承擔範圍十分有限，「福利國家」實現的可能性微乎其微；二來香港商人多認為「福利國家」制度對經濟發展有損，甚至稱「福利國家」是「免費午餐」的代名詞。明顯地，「福利國家」難在香港實現，但對一些從事社會服務的人士來說，這仍然是他們的理想，他們以此作為追求的目標，提出對現行社會政策的批評。

民主參與和公民權利意識

「福利國家」制度既無法在香港推行，一部分社會服務從業員，特別是社會工作者，遂轉向其他較為具體的目標。自上世紀八十年代開始，社會服務界中出現了兩個要求：第一是民主參與，第二是公民權利必須受到重視。

民主參與和開放的政治體制是分不開的。1981 年，政府發表《地方行政改革》白皮書，並在各區成立區議會。區議會的行政職權十分有限，但市民對政府各種政策，卻可透過區議會提供意見。區議會成立以後，一般市民的反應並不十分熱烈，甚至屬於冷淡，但有了區議會，政府在制定重要政策，特別是那些與市民大眾生活有密切關係的措施時，透過區議會徵詢民意已成為必經的步驟。社會服務從業員也認為市民應透過各種渠道，參與社會政策的制定。這種願望回歸後漸趨強烈。

在各項社會服務中，公共房屋對市民的生活質素影響最大。如果把「居者有其屋」計劃包括在內，香港差不多有一半人口在公共房屋居住。所以，歷年來要求在決策上必須有民主參與的，首推公共房屋政策。除早年公屋政策評議會及公屋聯會外，政黨成立後，首要關注的就是政府的房屋政策，特別是那些維護基層權益的政黨，常對各項公屋政策發表意見，並對房屋委員會的決定施加壓力。

市民的民主參與是提高了，但他們是否因此有強烈的民主意識，卻很難作出定論。大致上，如果政策對民生有直接影響，市民的反應多較

積極。公屋政策外，醫療服務是市民關心的。1989 年，政府根據澳洲顧問公司的建議，開始改組醫療服務，除受到直接影響的醫務人員外，一般市民最初的反應並不熱烈，及至政府發表醫療融資諮詢文件，市民發覺他們的權益可能受損，政黨和關注團體也提高驚覺，市民紛紛提出意見，以至政府多次修改醫療融資建議，到今仍未在社會上達成共識。

香港民主意識日漸提高，但市民權益觀念的出現，卻是上世紀八十年代中《中英聯合聲明》公佈以後的事。前文指出，戰後初期社會福利的發展，不是基於中國傳統慈善觀念，便是受到外來教會組織宗教信仰的影響。因此，得到服務援助的都是「接受者」，他們不會視之為自己擁有「權利」。其實，香港到了 1971 年才開始實施六年強迫免費教育，並於同年設立現金形式的公共援助計劃。所以，在此之前，貧窮子弟沒有機會讀書，窮人得不到援助，都只得在心裏認為命該如此，絕不會批評政府不負責任，市民也沒有這種意識。戰後市民忽視自身的權益，原因是他們多從中國大陸逃來香港，只求生活溫飽，又怎敢奢望享受各種社會服務。況且，殖民地政府素來沒有提倡公民權利。

到了今天，市民的公民權利意識不斷成熟，雖接受服務的市民仍是「接受者」，但他們認為這是社會對他們的承擔。換言之，現在市民與社會服務的關係已從純粹「接受者」的地位，轉變成為「權益者」和「接受者」的雙重身份。這種身份的轉變，也是社會服務功能出現變化所帶來的結果。戰後初期，「義學」專為貧窮家庭的子女而設，「慈善醫院」照顧的是無依無靠的病人，福利措施更不用說了；總言之，這些服務都不是為全港市民而設，也非政府必須承擔的責任。今天的情況改變

了，除極少數社會服務外，其餘不是由政府直接提供，便是由政府財政上資助。接受社會服務的人，也不再限於貧困的市民，而是不論貧富，每一個香港居民皆可享用。在這情況下，公民權利觀念應運而生亦非常自然。

世界上一些國家明確界定人民享有的權利，香港沒有這方面的法律，但香港居民也不是全無權利可言。《基本法》公佈後，香港居民有依法享用社會福利的權利。實行方面，香港法律雖沒有規定政府必須保障市民的基本生活，但市民生活有困難，可向政府尋求協助，只要符合綜合社會保障援助的申請資格，政府便必須提供協助。政府對市民生活其他方面的需要都有承諾，如醫療和教育，市民開始意識到他們享有的，是他們應該擁有的權利，並非政府可隨意更改。

認知層面，市民對民主參與和公民權利未必有深入的了解，很多時他們也忽略了權利的另一面是義務，不能單單強調權利而忘記應負的責任。不過，當他們使用政府和非政府機構提供的服務時，他們已明白這些並非「施捨」，他們也逐漸透過各種渠道參與政策的制定，使各項社會服務更能適切地滿足他們的需要。明顯地，他們對社會服務的觀念出現了很大的變化：社會服務不再是有特別問題的人才有需要，而是提升整體市民生活質素的工具，作用是保持社會穩定，讓市民謀求生活的改善和追求自己的理想。總括而言，香港社會福利的發展，從戰後到現在，雖只有七十年的時間，但期間不但服務種類迅速增加，包含的意義也隨着時代而改變。民主參與和公民權利的概念，雖也受到一些外來思想的左右，但整體而言，並非單由某人或團體所鼓吹，而是隨着社會的

發展而出現，也將持續成為未來社會政策制定時觀念上的依據。

特區年代的福利觀念

　　到了特別行政區的年代，在回歸後的二十年裏，市民和政府對社會福利有什麼看法？首先討論的是市民的看法。大致上，回歸前形成的福利觀念，包括民主參與及公民權利等概念，回歸後仍為市民所重視。雖然特區政府在社會服務規劃上，並不如過往，先透過「綠皮書」收集市民意見才作決定，而多是在施政報告中，直接公佈政府的計劃；不過，市民現在可以透過區議會和立法會，迫使政府透露更多有關計劃的資料，而他們更會組織民間關注團體，監察政府有否達成計劃的目的。

　　回歸後，市民的民主參與意識是提高了，尤其在社會服務發展方面，他們不但要求政府滿足市民的需要，更且希望藉着服務資源的分配，令香港成為一個相對上較為公平和平等的社會。因此，在教育制度方面，市民普遍認為政府不應單純按照學生的學業成績而把學校分成不同等級，以致學生被分派學位時有嚴重挫敗的感受。又如在醫療服務方面，政府曾建議增加收取全部或部分成本費用的病床數目，但遭到市民激烈反對，認為公立醫院的目的，應是不分病人的經濟條件服務全港市民。總而言之，市民除要求在政策制定的過程中有更多參與外，他們更希望政府能平等地對待每一位市民，滿足他們對各項社會服務的不同需

要。亦即是說，在市民的觀念裏，享用社會服務已是他們作為公民的基本權利，也唯有這樣，香港才是一個公平和尊重市民權益的社會。

在特區政府方面，從董建華到曾蔭權到梁振英，三任行政長官對社會福利的看法，相同之處是：他們多次重複《基本法》的規定，也就是盡量保持原有制度，並在當時的經濟條件和社會需要的情況下，調整及改善各項社會服務。換言之，三位行政長官對社會服務的發展，其實並沒有什麼固定的看法，更談不上個人的理念；他們只是按照社會的實際狀況，尤其是政府的財政條件，訂立各項社會服務的發展計劃，至於計劃背後的理念，三位行政長官都少有提出來討論。

無疑，董建華就任後的第一份施政報告中，曾提出多項發展社會服務的大計，但他希望做到的，明顯是想市民感受到，回歸後的特區政府十分關心市民的福祉，但計劃的背後，董建華卻無法提出一套完整的理念和構想。因此，當香港經濟一旦遭遇挫敗，董建華提出的社會服務發展計劃，不是大幅縮減，就是「不再存在了」；這就是沒有理念支撐的發展計劃的必然下場。曾蔭權是務實的公務員，出任行政長官後，對社會服務並沒有提出任何願景，唯一希望達到的，是措施能做到「紓解民困」，減少社會怨氣；又因曾蔭權相信「小政府、大市場」為最有效解決社會問題的方法，所以在醫療、教育和公屋等政策上，他傾向運用市場機制來推行社會服務，如增加專上教育自資學位的數目，造成社會矛盾更趨尖銳，收入和財富分配更加兩極化。到了梁振英管治的五年裏，社會服務發展被壓縮的情況慢慢扭轉過來，梁振英認為政府必須「適度有為」，尤其在房屋供應方面，確實較以往有清晰的目標。不過，梁振

英對香港整體社會的未來發展，及社會服務所應發揮的作用，也沒有提出什麼宏大的目標和理想。

　　社會政策的制定，理念與實踐相輔相成。特區政府如果只曉得提供服務，背後沒有理念支持，政策難免左搖右擺。特區政府現在用於教育、醫療、公屋、社會保障和福利服務的開支，已達到經常性總開支的七成。時候應該到了，在社會服務發展的方向上，特區政府着意的凝聚市民共識，共同創造一個富人情味和公平的香港。

七十年來香港社會政策的變化軌跡

　　本章所述香港社會政策的轉變，包括在不同時期所要達成的目標、營運模式及背後的理念，可用下表 1.1 説明。

表 1.1 香港社會福利的發展過程（1945－2017）

發展階段	社會服務推行的目標和形式	背後的思想和理念
第一階段 二次世界大戰結束到上世紀六十年代末	**目標：救災扶弱** 推行形式： 西方救援組織輸入數量龐大的救濟物資 政府的責任是提供清潔食水、公共房屋、基礎教育、公共衛生等基本服務	華人傳統的慈善和佈施思想 西方宗教的博愛和關懷觀念
第二階段 1967 年暴動後到 1997 年香港回歸祖國	**目標：穩定社會、保障市民生活** 推行形式： 建立包括教育、公共房屋、醫療衛生、福利和社會保障的「公共安全網」（social safety-net） 透過社會服務保障及改善市民生活 民間及非政府機構扮演改善民生的輔助角色	政府有責任為市民提供基本社會服務，並在財政資源許可情況下，逐步改善市民生活 市民有權利享受和使用政府提供的社會服務
第三階段 1997 年回歸後到現在	**目標：發展經濟、改善民生** 推行形式： 增撥資源發展社會服務：教育、醫療、公共房屋、勞工保障及福利等服務，從政府經常性開支二分之一增加至三分之二 採用委任官員問責制，各項社會服務由不同問責官員負責策劃及推行	市民享用社會服務的權利受《基本法》保護 政府採用的政策，背後理念從曾蔭權的「大市場、小政府」進到梁振英的「適度有為」

第二章

西方福利觀念潮流的更替

——從慈惠到權利

- 社會福利的發展，從簡單的慈惠觀念，直接給與受助者的施與行動，演化成為現代社會複雜和龐大的制度。

- 制度和觀念是二而一的，我們較容易看見福利制度的轉變，卻多忽略推動制度改變的原動力。

- 工業革命後，西方社會的經濟迅速發展，隨着資源增加，教育、醫療、公共房屋、福利等社會服務成為政府改善民生的重要政策。

- 慈善觀念或人道精神，雖可解危機於一時，但只有透過全體市民發揮的集體力量，才能建成完整的社會安全網。

- 社會公平是社會福利事業所要達到的最高境界，但公平難有確實的定義，在政策制定過程中常引起爭端。

- 人民一旦享有選舉和被選的政治權利，隨之而來的是享用社會資源的權利，但後者常受到經濟發展水平的限制。

- 人民擁有享用社會福利權，但有權利必有義務，只在人民盡了應負的責任時，權利的運用才能有穩固的基礎。

工業革命與社會主義

社會福利的設立有悠久的歷史。人類社會的發展，常說物競天擇、適者生存，但更常見的是互助合作、憐恤關懷。人的一生，生、老、病、死是必經的階段；除了基本生活的需要外，人更有感情上的困擾，和諧生活並非輕易得到。歷史證明，人不能自給自足地生活，人需要別人的關懷和照顧，也應幫助他人。

社會福利的發展，從簡單的施與行動，演化成為複雜的社會制度。二十世紀前，在中國和西方社會裏，社會福利等同救濟。中國二千多年前，有「義倉」的設立，以救濟饑民；而親戚鄰里守望相助，患難相扶持，更是一向以來被視為最有效的保障。在西方社會裏，遠在聖經舊約時代，摩西律法教訓以色列人憐恤孤兒寡婦，這樣慈惠的思想日後成為西方教會的傳統，而教會是西方社會裏最具影響力的「救災扶弱組織」。

西方工業革命開始後，傳統的扶貧措施無法應付日趨複雜的社會。隨着人口大量移居城市，過往鄰里組織逐漸衰落，轉往城市謀生的工人亦未能在短時間內建立互助的團體。而居住在城市的居民面對的問題日益增加，工業意外和傷亡經常出現，加上週期性的失業和不合理的工資，工人遭遇的是無法解決的貧困。

西方工業社會其後設立的福利制度，還是工人自發形成的，並非政府介入的結果。十九世紀初，一些社會改革家提出工人自救的辦法，認為工人必須互相幫助，平日繳交部分薪金成為備用金會員，日後有需要

時便可從基金中提取。這種「危機分擔」形式，類似今天的儲蓄互助社
及社會保險。不過，由於成立時缺乏經驗，管理未上軌道，這種類似合
作社形式的安排，出現很短時間便完全倒閉。它們的設立顯示傳統的扶
貧措施已不合時宜，新制度的建立急不容緩。

1883 年，德國政府首先推行社會保險，雖然設立的背景錯綜複
雜，卻是開啓政府保障人民福利的先河。自此以後，不但其他工業國家
相繼效尤，保障的範圍亦逐漸擴大。除社會保險外，普及教育亦漸漸成
為政府必須承擔的責任。普及教育與現代社會的發展有密切關係；到了
二十世紀初，工業國家均認為若要富國強兵，便要提高國民的教育水
準。

另一方面，十九世紀中開始興起的社會主義思潮，對社會福利的發
展也產生了積極的推動作用。社會主義與福利思想關係密切，社會主義
的基本信念是人人平等，即社會資源必須由大眾擁有，而不應落在少數
資本家的手上。為了達到這個目的，政府有責任代表人民控制社會資源
的分配，並讓人民平均地享用。工業革命其中一個後果，是財富分配十
分懸殊：富者愈富、貧者愈貧，而城市又缺乏農村傳統上穩定的因素，
形成城市裏的工人愈來愈對現實環境感到不安，社會主義對他們的吸引
力大大增加。

大致上，工業革命後出現的社會改革家，多是社會主義的信徒。他
們未必鼓吹俄國形式的革命，但他們協助工人組織工會，向現有權力架
構挑戰，及催迫政府成立普及性的社會福利制度。上一章曾提及英國的
「費邊社」，正是其中著名的例子。社會主義的盛行，與「福利國家」觀

念的出現相輔相成。如果社會資源必須用來改善全民的生活，則政府最重要的功能，就是承擔保障人民福利的責任，這正是「福利國家」簡單的含義。

　　社會主義與「福利國家」制度的密切關係，是無從置疑的，但我們很難分辨，是先有了社會主義，「福利國家」制度才得以建立，還是「福利國家」制度，根本便是工業社會的附帶產品。無論如何，在今天社會主義和資本主義國家裏，都建立了不同程度和形式的集體福利措施，而政府保障人民生活的責任，也沒有因不同的「主義」而有很大差異。可能在社會資源運用方面，社會主義和資本主義國家的政府，為了滿足人民的需要，可供選擇的途徑並不多。

　　以上簡單的敘述，觸及的只是社會福利發展的簡略歷程，但可看到，社會福利制度隨時代而改變，而其中的變化，也包含了思想和觀念上的改變。制度和觀念是二而一的，我們較容易看見制度的轉變，卻多忽略推動制度改變的原動力。為了探討社會福利制度的變化規律，多了解制度背後包含的思想，應是十分重要。

慈善觀念和人道主義

　　在現代社會裏，慈善事業仍然存在，但已非社會福利制度的主流；在一般人的眼裏，慈善事業代表的是舊有的制度，不但不合時宜，且有

施捨的含義，是應該被摒棄的。與慈善觀念相連的是人道主義精神，兩者有很多共通的地方，如兩者都非常強調人的需要和價值，不同之處是慈善觀念看重的是施與者的責任，而人道主義宣揚的，是任何人皆應得到寬容的對待。

慈善事業有長久的歷史，今天仍有很多規模龐大的慈善組織，其中一些是國際性的，仍然為着一些落後和貧困地區帶來巨額的捐款和物資援助。就是在香港，大部分志願機構開始時都是慈善組織，依賴市民和海外捐款以推行工作。今天，這些機構轉為接受政府的資助，並不完全依賴募捐。慈善事業所以日漸式微，原因是單單依賴市民的捐獻，已不能應付規模日益龐大的福利開支。況且，政府有足夠能力提供資助，市民也不願在稅款以外捐助慈善事業。到了今天，香港只有極少數不接受政府資助的慈善團體（今天普遍稱為非政府機構），工作多局限於一些針對個別群體的服務。

社會福利既是社會裏重要的制度，資源來自政府的稅收也十分合理。現代經濟發達國家，用於各項社會服務的支出常佔政府總支出三分之一至一半，就是香港用於教育、醫療、房屋和福利服務等費用，也佔政府每年總開支的 60%－70% 之間。在一些國家裏，社會服務開支除來自稅收外，人民還須為年老及疾病的需要而參加保險。今天各項社會服務均成為集體措施，個人繳納的稅款或其他繳款並非用於本人身上，而是用來應付社會整體或全部參加者的支出。所以，慈善觀念和人道主義雖漸漸衰落，但不幸者的需要卻沒有被忽略，保障的範圍反而擴大了。

對於慈善觀念和人道主義的沒落，一些人或許感到可惜，特別是

現代社會裏的社會福利制度，規模雖較前龐大，但繳稅支持福利制度的人，心理上卻有些不願意，甚至有被壓迫的感覺。至於接受服務的人，也常不珍惜享用的服務，作出種種欺騙行為，以圖增加本身的利益。現代社會的福利服務一旦制度化後，運作上趨向機械式，工作人員只顧完成任務，而非表達人與人之間的互助和關懷。很多人面對龐大和複雜的社會福利制度，反應是如何減少自己負擔的責任，並在其中爭取最大的利益。就是那些負責制定各項社會服務政策的人員，他們關心的是如何提高制度的效率，至於制度成立的目的和意義，也漸漸不再是他們着重的問題。正如一些學者指出的，思想和信念不再是現代人熱烈討論的話題。

公平和平等的發展機會

社會福利以人的需要為起點。當制度開始建立的時候，所謂需要是指基本生活的需要，即沒有了這些條件，人便不能生存下去。隨着工業的發展和社會財富的增加，一些國家已可供給人民基本生活以外的保障，需要的定義隨之擴大，進而包括更廣泛的範圍，例如個人潛能的發揮等。

當社會的財富轉為充裕時，赤貧的時代雖未完全過去，但基本生活保障已不再是社會福利唯一要肩負的任務。到了這個時候，人民關心的

不再是生活是否可以維持下去，而是與別人比較，自己是否得到公平的
對待？隨着舊有封建制度的過去，特權不再被接受，因此，對於只有少
數人享用的利益，人們不斷提出質疑和挑戰。

戰後的二三十年裏，西方社會彌漫着濃厚追求社會公平的願望。原
因顯而易見：第二次世界大戰席捲歐美各國，戰後重建必須依賴全民的
努力，社會制度如果缺乏公平的基礎，重建將倍感吃力。這種追求公平
的願望，到六十年代達到高峰，工黨在英國不斷擴大國營化的範圍，美
國的甘迺迪和詹森總統提出的「大社會」，正是這個時代人們追求的理
想。

公平的概念改變了人們對社會福利的看法，他們關注的，不再是
自己的子女有沒有上學的機會，而是子女是否在公平的條件下與別人競
爭。醫療服務方面，他們關心的不單是患病時是否可以得到治療，而是
現有制度是否給與病人平等治療的機會。換言之，社會福利的作用，
不再限於滿足人們的基本生活需要，而是能否改變社會上公平與否的狀
況。到了六十年代，公平原則成為服務實施時必須考量的元素，也是社
會福利制度所要達到最重要的目的。

什麼是社會公平？簡單來說，公平表示給與各人平等的待遇。在現
實社會裏，社會公平難找到確實的定義。首先，人類社會本身便不是平
等的：一些國家有較豐富的資源和優越的生態環境，一些國家卻長期遭
受自然災害的打擊。不但國與國之間存在差異，人與人之間的情況也一
樣：一些人生來便較聰明和強壯，一些人卻受到很大的限制。所以，如
果公平指的是相同的成就，理想便無法實現，公平只可在不平等的條件

上，給與各人公平的機會。

關於社會政策的制定，歷來有兩種不同的意見。其中一種認為政策應是甄別性的（selective），即應先衡量哪些人最需要別人的幫助。這些人可能收入較低、患病、傷殘、喪失工作能力或受到精神問題的困擾，標準一旦定下來，便可給與他們協助。這種觀點基本上承認社會本身是不公平的，社會裏有很多人無法與別人公平競爭，所以必須得到額外的幫助，這樣才符合社會公平的原則。甄別方式的好處是集中資源協助一些有特別需要的人，但壞處是一旦把某些人定為「弱者」，他們可能受到歧視，也可能因此不願意接受協助。

除甄別方式外，另一種為普及方式（universal）。這種方式的特點是：社會裏不同組別的人，他們都有特定的需要，例如年老的需要生活保障，為人父母的需要協助養育兒女，患病的需要治療等。以上是社會裏某類人士特有的需要，為了符合公平的原則，首先不分他們是貧窮或富有，均給予他們提供服務；接受者既不分貧富，數目自然十分龐大，所需資源也非常多。除資源可能不足夠外，普及方式的最大得益者，很多時並非需要最大或收入微薄的人，而是教育水準較高的中產階段。例如英國推行的全民醫療保健制度，使用服務次數最多是中上階層人士。所以，普及方式看似十分公平，但也可能產生不公平的後果。

社會公平的原則提出來已有一段時間，到了今天，還無法找到共同接受的定義。或許公平本身便是相對性的：舊日社會貧富懸殊，貴族和地主多擁有特權，但當時很少人認為不公平，甚至看作是理所當然；到了今天，制度上些微的差異，我們便認為不公平，必須加以糾正。社會

福利範圍內，至今還未找到達至公平的最佳方法，所以單憑公平的原則來評論社會政策的得失，很多時並不適當。例如香港中學學位的派位辦法，最公平的方法應是由電腦隨機分派，但隨機並不考量其他因素，例如學生和他們家長的選擇和學生的學業成績等，這樣又是否公平？

　　總結過往的經驗，可見社會公平原則，雖可作為社會政策制定時的憑據，但公平既沒有公認的定義，執行時容易引起爭端。當然，對於社會裏不公平的現象，有正義感的人都不應容忍，也應讓社會裏有不同需要的人得到公平的對待。以上討論，只限於概念的範圍，如何在政策制定時盡量符合社會公平的原則，以下個別政策個案分析會有詳細討論。

人民的社會福利享用權

　　第二次世界大戰前，社會福利宣揚的是人類的愛心和憐恤。第二次世界大戰後，人們渴望的是富裕和公平社會的出現。到了今天，世界上的經濟發達社會一般都達到物質充裕的地步，人民的生活也基本上得到保障，也漸漸忘記了過去貧乏的日子，但「福利國家」制度經過二三十年的發展，矛盾逐漸出現，最顯著的地方，是社會服務的數量雖不斷增加，但短缺的情況及人民對服務的不滿卻有增無減。數字上，醫生和護理人員、教師和社會工作者等，比例上不斷改善，但在服務使用者眼中，各類社會服務的工作人員總是供不應求。最嚴重的問題是：負責提

供各項社會服務和保障措施的政府，正為日益龐大的財務支出而感到困擾，加上近年經濟和金融出現的動盪，官員常顯得束手無策。

現代經濟發達社會用於社會服務的支出，常佔政府總開支的三分之一至一半，或生產總值的 20－30%。造成龐大支出的原因有多個，其中最重要的是這些國家的人口逐漸老化，單是退休和醫療保障的支出已十分龐大，而且費用不斷上升。為了應付急劇上升的社會服務經費，政府可運用的方法不出以下幾個：一是增加稅收或有關保障的繳款，二是削減開支，但人民一般已習慣享用各種服務和設施，若政府要削減，談何容易？面對不斷上升的福利開支，政府又能找尋什麼解決的辦法？

1973 年的石油危機出現後，工業國家的產品成本不斷上升，結果造成通貨膨脹和失業人數增加。面對動盪的經濟和失業的威脅，一般人的即時反應是努力尋求自保，戰後重建時期的「大社會」精神一掃而空，人們關心的是如何保障自己的既得利益，和家人的安好，至於社會上他人的需要，他們並不如以前這麼熱衷去解決。以上情況，主要是指社會的整體傾向，社會上仍有不少熱心人士推動社會改革，但他們的主張已不是社會的主流思想，他們的工作也不再左右社會福利的發展。

七十年代中以來，工業國家討論最激烈的福利議題，是人民與政府之間的責任分界。英國保守黨和美國的共和黨於七十年代末上場，並且長期執政，顯示人們歡迎的並不是那些承諾為人民謀取最大福利的政黨，而是那些限制政府權利範圍，讓人民承擔更大責任的政黨。政治取向的轉變，顯示人們對過往「福利國家」的理想失去信心，他們也不認為政府能有效改善他們的生活。人們並不是否定政府的功能，也不是提

議取消各種集體性的社會福利措施；事實上，工業發達國家採用仍是「集體福利」制度，但人們已不願意把全部責任交給政府，他們明白政府可以做的，實在非常有限。在這情況下，人民的權利和義務的明確分界便十分重要。

福利作為公民的一種權利，有關概念在第二次世界大戰後已有學者提出，他們認為人民既有權選舉政府，他們也享有使用社會資源的權利。不過，福利權利與人民擁有的政治權利，性質上並不一樣。政治權利如選舉和被選權，並不受到國家經濟條件的影響，但福利權利如受教育的機會，卻必須受制於國家的經濟發展水平。人民有權享用社會服務，今天很多國家的憲法皆有訂明，但政府能運用多少社會資源改善人民的福利，卻難有明確的準則。不過，福利一旦成為人民應享的權利，過往那種慈善觀念便不再這麼重要，而一般人關心的，是首先建立自己的公民身份，因為只有成為某國的公民，有關福利和保障才會隨之而來。正如香港居民不能享受加拿大政府提供的社會服務，但只要成為加拿大公民，便有享受的權利。

公民享用的福利權利，至今並沒有受到質疑，在經濟已達到發達的社會裏，這種觀念更可說愈來愈穩固。現在的問題是：社會有足夠資源應付日益增加的需求嗎？從上世紀九十年代中以後，不同經濟發展國家都經歷不同程度的經濟動盪，成因相當複雜，但不外乎政府財政長期出現赤字，信貸負擔引來金融混亂，最後甚至出現政權的更替。

這裏不是要討論福利與經濟發展之間的關係，但公民福利權利的實現，明顯受制於資源的數量和分配。一些國家如法國、西班牙、希臘

和意大利，逐漸從經濟發展的高峰逐漸下滑，加上人民對社會保障和醫療的需求隨人口老化而增加，而政府能夠用於福利的資源又停滯不前，很多時只好推遲退休年齡或削減福利開支。其他一些國家如美國、阿根庭、智利，則因財富和收入分配嚴重不均，不同階層人士享用的服務和保障有很大的差距，形成公民的福利權利雖得到國家的保障，要達到權利均等的目標卻十分遙遠。

社會福利的權利和義務

　　以上討論的，主要分析西方經濟發達國家福利觀念的轉變情況。前一章，我們從香港社會福利的發展過程中，也簡略提到香港市民對福利的看法。除受到本身環境因素的影響外，香港市民的福利觀念也受到外來思想和制度的影響，近年也有建議香港仿效西方發達國家，推行「福利國家」制度，但得不到市民的認同。不過，近年由於民主意識高漲，市民普遍接受他們應有享用社會福利的權利，連《基本法》也有這樣訂明。作為一個與世界接軌的社會，香港的社會福利制度很難不受到外來思想的左右，特別是西方國家盛行的觀念，也常得到香港社會服務從業員的普遍接受。因此，當西方工業國家的福利制度漸趨集體化及立法保障人民的享用權時，香港一些政黨和團體提出同樣要求十分自然。

　　以權利為基礎的福利觀念，在未來日子裏，相信仍會得到香港市

民的認同，因為一旦成為自己的權利，便有享用的自由。不過，權利是有限度的，政府與人民之間的權利和義務，也必須有清晰的劃分界線。例如，香港的公共房屋供應，政府不可能完全滿足市民的要求。這樣一來，誰有權利入住公共房屋，便必須有明確的規定。

更值得探討的是：香港自回歸以來，由於政治體制的轉變，市民對自己享有的權利和自由明顯有顧慮，恐怕新上任的政府改轅易幟後，不但未能保持原有制度，且會削減市民享用服務的權利。因此，為了確保權利不會受到損害，並確保各項社會服務繼續向前發展，市民對政府提出的發展計劃或一些修訂建議，作出的反應常存有各種疑慮，都是怕權益受到影響。例如有關醫療融資的建議，市民雖非完全反對，但總覺得政府的目的只是為了減少公營醫療方面的承擔，並非真的為了市民的權益。

隨着民主政制的發展，市民也希望透過各級議會向政府施壓，保證自己的權益不受損害。在各次區議會和立法會的選舉中，除特別的政治議題如爭取雙普選外，民主議題常佔重要的地位，如設立全民退休保障，至今仍是每次選舉的討論焦點。無可否認，民主政治與市民享用的權利息息相關，市民透過各種管道來表達自己的聲音，爭取自己的權益受到保障，也絕對可以理解。說到底，香港特區政府既不是由普選產生，行政長官及其領導的班子與市民也難有什麼契約可言；因此，政府一旦推出新政策，或在政策上作出改動，自然遭遇極大阻力。例如，特區政府成立後，推行一連串教育改革措施，差不多每項都遭到激烈反對，例如母語教學，最後還是要讓百多間學校維持英語教學，結果反讓

社會造成分化，亦達不到原先推行母語教學的目的。

　　總的來說，享用社會福利的權利，今天已得到市民的普遍接受和認同，大眾也認為政府有為市民提供各項教育、醫療、公共房屋、社會保障和福利服務的責任。現在仍沒有清晰觀念的，是在社會服務的開支上，市民又應否負上一定的財務責任？因此，無論在醫療融資、退休保障資金來源、福利服務繳費、大專課程自負盈虧等問題上，一直都爭議不休，到現在仍未有妥善的解決方案。歸根到底，可見市民仍對自己在福利財務上的責任認識不多，也沒有這方面的觀念，總覺一切費用最好由政府負擔，自己只有享受的份兒。這樣長此不去，香港各項社會服務的發展，便必然受到限制，難達至完善的境界，有關財務爭議也將源源不絕。

小結：從慈惠到權利的福利觀念更替

　　本章有關西方福利觀念潮流的更替，可用表 2.1 說明。

表 2.1　西方福利觀念潮流的更替

時代變遷	制度轉變	觀念與價值
農業社會	教區收集稅款及捐獻、為貧困者提供協助	仁愛與恩慈
工業革命	慈善機構負起大部分救災扶弱的任務；政府訂立貧窮法規、扶貧工作逐漸形成和制度化；工人互助組織開創危機分擔	憐恤不幸人士、鼓勵弱者自力更生、助人自助
現代社會	設立各項社會服務，保障人民生活成為政府必須承擔的責任；透過稅收制度、推行教育、醫療、房屋、社會保障、福利等服務；志願和民間組織發揮創新及補漏作用	保持社會穩定、縮減資源分配不均、追求社會公義、實現個人發展潛能

第三章

資本主義下的社會福利
——社會資源再分配

- 民主政制與福利發展關係密切；當人民有權選舉政府，他們必然會利用手中的選票，謀求改善自己的生活。

- 經濟發展初期，資源較集中，以利資本的積聚和投資；但經濟發展上了軌道，社會資源增加，如何分配改善民生，進一步促進經濟發展，成為社會熱烈討論的議題。

- 資本主義實行私人市場和私有產權，兩者是經濟結構的命脈，政府雖可加以調節，但生產工具多不由政府擁有，政府也應避免制定法例控制物品和服務的供求。

- 資本主義社會難免造成貧富不均，弱者在優勝劣敗競爭下被社會遺棄，社會福利除可發揮「補救」作用，也是保障人民基本權利的有效措施。

- 社會福利模式的選擇，隨政治、經濟和社會環境的變化而轉變，取決於人民與政府之間的互動；所以，資本主義國家可以實行「福利國家」制度，社會主義國家也可在福利體制中加入市場機制。

社會福利與政治和經濟的關係

　　以上兩章，論述的主要是資本主義制度下的社會福利。這樣做的原因是：第一，香港是資本主義社會，1997 年雖成為中國特別行政區，但在「一國兩制」的原則下，香港保持原有的資本主義制度，不採用中國的社會主義制度。第二，一向以來，香港社會福利的發展，受到的影響來自西方工業國家，很多從事社會服務的工作人員，也多曾在這些國家接受訓練，所以對資本主義制度下的社會福利較熟悉，工作上自然以這些國家的經驗為參考。

　　香港保持現有資本主義制度不變，一般市民對這規定沒有異議，雖然他們未必在理論上明白資本主義的特質，但他們希望現有制度保留下去的意願卻非常明顯。如果資本主義制度五十年不變的規定切實執行，香港在未來三十年裏，將繼續保持現有的資本主義制度，而香港的社會福利制度，也只能在資本主義制度下尋找未來的發展方向。

　　社會福利的發展為什麼與香港是否保持資本主義制度有密切的關係？首先，正如以上兩章解釋的，現代社會的福利措施，已成為社會裏不可或缺的制度，除直接受到人口增長和家庭變遷等因素的影響外，更與政治和經濟等因素息息相關。例如，社會福利應制定怎樣的政策，這與政府的政治立場是分不開的。又如社會福利應佔用多少資源，這與經濟的發展狀況也不能分割。政治和經濟因素對社會福利制度的影響，大致可分以下幾點來討論。

民主政制與社會福利

　　政治條件方面，人民是否有權選擇自己的政府最為重要。十九世紀末，英國還未實行全民選舉，國會曾就工人就業條件的問題提出辯論，那時有議員認為，如果給予全部人民選舉政府的權利，他們將不會只運用選票來選舉屬意的議員，還會運用選票來改善本身的工作環境和薪酬待遇。換言之，政治權力的開放，必將帶來一連串社會制度的改革。

　　民主政制的發展，常是社會改革的先決條件。事實上，民主思想和制度如果未能在二十世紀初在西方工業國家得到普遍的接受，相信「福利國家」的概念也無法生根和建立起來。「福利國家」概念最基本的思想是：政府有改善人民福利的責任，但如果政府不是人民選舉出來的，或人民沒有更換政府的權力，政府何須向人民負責任？相信人民也不願意把這個責任交給政府。當然，並非全部推行民主政制的國家都實行「福利國家」制度，但「福利國家」制度的建立，民主政制是最根本的基礎。

　　還有，民主政制代表人民擁有平等的政治權力，為了體現這政治上的平等權力，必須有其他社會條件的配合。例如，如果只有少數人可以接受教育，其他都是文盲，平等的政治權力只會帶來混亂。在第二次世界大戰後，英國和法國曾協助一些殖民地在獨立後推行民主政制，但這些國家生產落後，貧富懸殊，民主政權結果徒有虛名，並沒有給予人民真正的權力。所以，單單建立民主政制，而不同時改善人民的生活，給

與人民平等的政治權力未必帶來好處。

　　從社會整體發展的角度看，建立民主的政治體制，和改善人民的生活是相輔相成的。社會改革和民主政體，很難定出先後，但兩者必須互相配合卻非常明顯。例如，上世紀七十年代開始，新加坡、香港、台灣和南韓，一般稱的「亞洲四小龍」，經濟都有長足的發展，人民生活得到改善，教育水準不斷提高，結果這些地區的人民紛紛要求政治改革，而爭取政治平權的運動也應運而生。「亞洲四小龍」政制上的改革，不能在這裏詳細討論，只能簡單的指出：到了九十年代中，南韓和台灣都出現了民選產生的總統，執政者也擺脫了傳統勢力壟斷的局面。新加坡方面，獨立後政府即由普選產生，但執政的人民行動黨為了鞏固自己的權力，不斷改善人民的生活，以圖得到人民更大的支持。

　　香港市民要求政制改革的呼聲，可追溯至上世紀八十年代初，那時突然湧現了不少論政團體。這些論政團體，包括香港觀察社、匯點、太平山學會等，起因都是由於中國和英國正就香港前途談判，香港一些市民很想在這個問題上表達自己的意見，所以組織起來向雙方政府傳遞訊息。香港以後的政制發展，學者多有論述，但值得重申的是，政制改革的要求，很多時也與民生改善連在一起。因市民知道，如果民主運動可以達到目的，他們便可自由的選擇自己的政府，也可運用自己的選票，進一步催促政府改善自己的福利。

　　總括來說，經濟發展使人民免於匱乏，而知識的增加令他們明白，生活是可改善的，權力也不應集中於少數人手上，正如西方諺語：「愚昧和貧窮，可同時存在，但當人民有了知識，生活得到保障，他們便不

願長期蹲在別人腳下。」我們無意美化民主的好處，但歷史證明，只要
經濟發展起來，人民不用終日憂慮溫飽，接觸的事物和知識多了，他們
自然要求在政治上有更大權力，從而進一步改善自己的生活。這樣的發
展過程，不但在經濟發達國家出現過，今天也在經濟發展中的地區出
現，而香港作為經濟成熟的地區，經濟、政治和民生的關係再不能分別
來討論了。

社會福利與資源配置

　　二十世紀以前，政治學稱為政治經濟學，原因是政治和經濟有密切
關係，而經濟對社會福利的影響更為重要。社會福利政策的制定，有人
認為是資源配置的問題，但分配之前，首先要分析的是有多少資源可用
於社會福利。戰後初期，國家重建是首要任務，一般看法是經濟發展應
領先，社會發展緊隨在後，亦即先積聚財富，再談分配的問題。當時流
行的理論是：經濟發展如果得到成果，原本富有的人，在有的愈有的規
律下，或許得益最大，但只要財富不斷增加，貧窮的人最終也必受惠。
況且，社會財富增多了，政府亦可提高稅收收入，即有較大的能力為人
民提供社會福利，亦即一般稱的「滴漏理論」。「滴漏理論」，看似有道
理，但政府可以用來改善人民生活的資源，未必與經濟發展的速率成正
比例。進一步說，就是低收入家庭的生活得到改善，他們看到財富高度

地集中在一撮人身上，貧富懸殊，他們可能有更大的反感和不滿。所以，除非經濟發展使社會資源配置更趨均衡，否則社會上可能出現更大的不安情緒。

到了今天，以上以經濟發展為先導的理論已不太流行。無可否認，在國家發展初期，為了使社會有充裕的資金作發展用途，社會服務建設如普及教育和住屋改善等，或許必須暫時擱置或放慢步伐，但當經濟上了軌道，資源和財富增加，社會服務發展便應與經濟發展並駕齊驅。過往工業國家的發展經驗顯示，在經濟發展初期，財富的積聚可能較為集中，但隨後中產階級逐漸壯大，他們便會要求公平的多得經濟發展的成果。換言之，經濟發展到了相當的水平，社會可動用的資源增加，如何分配社會資源及改善人民生活，便成為人民熱烈討論的議題。

今天工業國家用於社會服務的開支，構成生產總值的重要部分，社會福利也不再純粹看作成消費。誰人仍認為教育經費支出對未來經濟發展沒有幫助？有誰認為公共房屋建設與經濟運作沒有關係？有誰認為培育醫療人員照顧病人是浪費資源？有誰認為協助破碎家庭恢復完整是不應該做的事？有誰認為照顧老、弱、傷、殘的生活是不必要的開支？所以，社會服務開支是必須的，正如一個人不可單工作不吃飯，至於社會應調撥多少資源給與社會服務，及社會服務佔用的資源又應否全部由政府支配，卻沒有統一的意見。

過去討論社會服務開支時，香港部分人士會不斷提出警告，認為不可只顧市民對社會服務的需求而增撥資源，以免影響香港的經濟發展。但怎樣才是適當的水準？提出警告的人多以西方工業國家為例子，特別

是英國，認為他們因建立龐大的社會服務網導致公共開支龐大，且到了社會無法負荷的境況。西方經濟發達國家的社會服務開支是否太過分，可說見仁見智。以英國情況而言，在歐洲國家中，英國政府用於社會服務的開支並不算高，英國經濟停滯不前，明顯是其他因素所造成。相反，歐洲國家中設有完備社會服務制度的，如瑞典和德國，經濟發展卻沒有很大問題。

大致上，社會服務開支必須維持在國家財力範圍之內。短期而言，政府或可運用借貸等方法來增加可用資源的數量，但長期來說，支出不能超過收入。因此，一些國家的社會服務開支，若所佔比例過高而造成財政赤字，政府便必須實行緊縮政策。例如，在 1979 年，英國保守黨當選執政，立即削減社會服務開支，政府財政才轉虧為盈。近年來，歐洲多個國家出現金融危機，最主要的成因是政府開支過度，又因政治原因未能大幅削赤，造成國庫空虛，在無法繼續借貸之時，發行的貨幣只得不斷貶值，國家因而陷入破產的邊緣。總的來說，社會服務開支難言太多或太少，無論數量多少，最後必須與經濟發展步伐保持均衡。

除經濟發展的因素外，人們的意願也有重大影響。以香港和新加坡作比較，香港市民生活消費較高，用於各項社會服務的支出卻較少；相反，新加坡個人平均收入高於香港，但新加坡人民一般生活消費較低，他們用於房屋、醫療、教育和退休生活儲蓄的支出較高。換言之，香港市民較重視目前的消費生活，個人有較多可動用的金錢，但新加坡人民為了子女的教育、較佳的居住環境和未來退休生活保障，卻願意降低日常生活消費，可動用的金錢也較少。

故單把兩個地方比較，很難說誰更優勝，但香港市民和政府對社會服務的忽視，卻形成社會服務總是在經濟發展之後。因此，社會服務開支並非純粹是資源是否足夠的問題，也是生活形式的選擇。例如香港一般僱員只需為強積金繳款，如果香港一旦設立全民退休保障或醫療保險，供款的比例一定高於工資的百分之五，香港市民的消費模式必然出現變化，他們也必須在觀念上作出調整。

資本主義與社會福利

概括來說，現今世界各國推行的制度可分為資本主義和社會主義兩大陣營，香港推行的是資本主義制度。以上關於社會福利與經濟和政治的討論是一般性的，並不涉及個別國家或社會所推行的制度。這樣，香港既有「保持資本主義制度五十年不變」的規定，這對政府在制定社會政策時有什麼意義？在理解香港社會福利的未來發展與香港的資本主義制度兩者關係之先，我們必須對資本主義下的社會福利作詳細的分析。

首先，資本主義和社會主義都是非常概括的名稱。英國是資本主義國家，但上世紀六七十年代工黨執政期內，重要企業多變成國營。其他歐洲資本主義國家，因傳統上推行「福利國家」制度，特別是北歐如瑞典、挪威和丹麥等，國營企業在經濟結構中佔極重要比重，所以以社會主義國家自居。至於一般稱的社會主義陣營內的國家，自從東歐變天

後，現在所餘無幾。因此，現在一般講的資本主義和社會主義，實難有清楚的分界：一些國家雖稱為社會主義國家，如中國，推行的卻可能有不少資本主義的特色；相反，一些資本主義國家如法國，制度上卻有濃厚的社會主義意味。因此，在評論資本主義和社會主義時，只能以一般情況來說，並非指兩者有明顯的分別，互不相容。

　　一般而言，在資本主義制度裏，私人市場和私有產權是經濟結構的命脈，政府雖可加以調節，但生產工具多不由政府擁有，政府也應避免制定法例控制物品和服務的供求。換言之，除特殊情況外，政府在經濟方面的責任主要是調節，使市場在公平的條件下進行交易。社會主義與資本主義最大的分別是：社會主義國家的政府相信自己代表人民擁有社會資源，並負責調控和分配的責任；這樣，私人企業即使存在，相對於國營部分仍居次要，因政府實行的是計劃經濟。

　　資本主義和社會主義孰優孰劣，並不是這裏討論的問題，但在兩種不同的制度下，社會福利因而有不同的意義和功能。以資本主義社會而言，社會福利的功能可分為三種不同層次。在資本主義發展初期，社會福利發揮的是「補救」（remedial）的作用，即當工資不足應付個人的需要時，個人或他的家人一旦遭遇困難，例如傷病、窮困等，解決辦法是由政府提供協助。「補救」的意思是指家庭或其他方法可解決問題時，這些人便不是社會福利援助的對象。又如，患病者有經濟能力往私家醫生求診，他們便不應到公立診所。換言之，政府設立各種社會服務，目的還是協助那些不能自助的人士，作用和範圍十分有限。

　　在較進步的資本主義社會裏，社會福利也可能扮演較為積極的角

色，例如協助提高生產效率。現在很多工業國家，僱員除可獲取工資外，亦可享受各種附帶福利（fringe benefits），如醫療保險、退休金、子女教育津貼等。這些附帶福利，與社會主義制度中的補貼十分類似，但分別之處是，資本主義制度下的附帶福利很多時都是錦上添花。因此，附帶福利又多稱職業福利（occupational welfare），即福利的作用，是要報酬僱員在職位上作出的貢獻。

除以上兩種作用外，資本主義制度下的社會福利還有第三層次的目的，即透過各種福利措施，以緩和財富分配不均，及減少社會矛盾（institutional-redistributive）。今天，社會福利佔用龐大社會資源，為了維持這種制度，政府必須向人民徵取巨額稅款。資本主義國家的政府應否為了緩和社會矛盾而包攬福利服務的供應？龐大的社會服務制度與資本主義奉行的信念是否有衝突？對於以上問題，不同學者有不同的意見。一些學者，如哈羅德‧威倫斯基（Harold Wilensky）認為這是雪球滾動的結果：福利制度開始時，規範很少，但歷史長久了，設施不斷遞增，結果成為龐大的制度，而在這制度內受僱的工作人員，為了本身的利益，也不斷擴張服務的範圍。

另一些學者，如威廉‧羅布森（William Robson）則認為，龐大的社會福利制度不但與資本主義沒有衝突，更且並行不悖。他們相信資本主義制度的運作，首要條件是穩定的社會環境，並保持人民對貨品的需求。上世紀三十年代發生的經濟蕭條，顯示政府若任由市場不斷擴張，貨品在惡性競爭下無節制的生產，人民購買力追不上，只會造成長期的不景氣。在三十年代以前，一般資本主義國家的公營部門都十分有限，

政府總支出約佔總產值的 10%。大蕭條出現後，政府態度改變了，不但插手干預經濟運作，更且增加各項社會建設開支，以圖挽救國家面臨的經濟危機。到第二次世界大戰爆發，政府以保衛國家為名，完全控制生產活動，而戰後為了重建的目的，逐漸發展成為「福利國家」制度。到了今天，沒有人質疑社會福利在資本主義制度中的重要性，事實上，社會福利發揮了平衡資本主義內部矛盾的功能。

社會福利產生的收入再分配功能，也實在的補足了資本主義不足之處。以上提到，今天資本主義社會的工資制度，完全不考慮僱員的需要，甚至當僱員需要愈大，例如患病時，他們的工資可能降至最低。不過，如果社會設有健全的勞動保險制度，患病僱員不但可以得到適當的治療，也可維持平日的收入。這種與工作報酬沒有直接關係的收入，一般稱為社會工資（social wage），在一些資本主義國家裏，僱員透過教育、醫療、房屋和社會保障等措施得到的社會工資，可能相等於平日工資的一半或更多。就是在香港，如果把低收入家庭從公共房屋、政府醫療、子女教育和其他福利服務得到的轉為現金數值，亦是一個十分可觀的數字。而且，社會服務的財政來源，收入高的付出較多，得益者卻多為中下階層家庭，所以在社會資源配置上，作用應是積極的，使資本主義在強調生產價值之餘，也保有一點人性化的味道（humanistic）。

社會工資的存在，表面上與資本主義制度格格不入，作用卻不可忽視。社會工資的意義，可從兩個角度看。第一，為了保持經濟發展和社會穩定，社會裏一些事情並不能留待個人去選擇，例如治安和公共衛生，人民都希望政府負起承擔的責任。若將範圍擴大，普及教育也是人

民期望由政府提供，這樣全部兒童便有上學的機會，子女從普及教育取得的利益便成為本身的資產。第二，社會工資的存在，也是為了補充資本主義制度下工資不完善的地方。資本主義制度的工資沒有顧及生、老、病、死等問題，過往這些情況一旦出現，僱員或可倚賴親友的支援或平日的儲蓄，但這些都不是理想的解決辦法；僱員在工資之外，也應得到較穩定的支援，而社會服務正補充了工資制度的不足。

社會福利的存在價值

　　總結以上討論，可見社會福利在資本主義制度裏，不但有存在的價值，且發揮積極的作用，對資本主義不但沒有造成衝擊，反使資本主義更趨穩固。社會福利可以在資本主義制度下生長，有幾點頗值得注意。首先，社會福利沒有改變資本主義私有制的特色。社會福利的設立，無疑擴大了政府的活動範圍，並使更多社會資源受到政府的控制，但社會裏的基本生產活動，和生產工具的擁有權仍屬於私人。如果政府有意把一切生產活動國有化，則是走社會主義道路，這是另外一個問題。現在資本主義制度下的社會福利，並沒有改變資本主義的本質。

　　第二，社會福利資源的運用，乃屬第二層次的資源配置，相對於第一層次的分配，即僱員的工資制度，性質並不一樣。在資本主義國家裏，工資數額還是取決於僱員的生產能力，能力高的，亦即市場價值愈

大，薪金也愈高。高薪僱員都要繳納較高的稅款，這樣政府才有足夠資源向市民提供各項公共和社會服務。僱員繳納的稅款，影響了他們實際的收入和消費水平，但徵稅是在工資分發後才進行，政府原則上沒有規定僱員賺取的工資（最低工資除外）。所以，政府做的只是在第一層次分配後才進行再分配，至於第一層次分配時依據的標準，除了最低工資等規定外，政府是管不了的；不像一些社會主義國家，由於企業以全民所有制為主導，不但工人就業的機會受到控制，工資多少也有嚴格的規定。

除以上兩種特色外，資本主義制度下的社會福利，雖提供的責任多屬政府，但除政府辦理的服務外，私人也可興辦類似服務，甚至是以賺錢為目的。或許政府必須對私人福利服務加以管制，以免使用服務的人蒙受損失，但資本主義國家內的社會服務，不一定全由政府包攬。在美國，私人辦的醫療、教育和其他福利服務，例如幼兒所和護老院等，佔去整體的重要部分，一些社會工作者也可私人執業。就是工黨執政時期的英國，醫療、教育和福利服務並不是全由政府壟斷，私人經營是容許的。在資本主義社會裏，個人選擇權最為重要，就是政府提供免費教育，部分家長基於種種因由，也可能不願送子女到政府開辦或資助的學校就讀；只要家長願意繳費，私辦學校便有存在空間，政府也不應扼殺。

總括而言，香港要保持資本主義制度，私有權是最重要的基礎，自由工資制度也不能改變，政府應該在最大範圍內，容許市場決定工資的多寡。2011 年，香港實行最低工資，推行之前，政府和僱主的態度都十分抗拒，認為最低工資會破壞香港的資本主義制度。不過，近年香港

貧富懸殊不斷加劇，顯示市場並未能保障低薪工人的生活，而政府在無其他選擇的情況下訂立最低工資，也是要彌補資本主義之不足，絕對沒有改變香港資本主義制度的意圖和想法。其實，資本主義制度的存在價值，並不在於財富的積累，而是讓全體人民的生活得到改善，所以無論是最低工資或其他社會福利措施，最終的意義，還是在不改變資本主義的特質下，為人民謀取最大的福祉。

小結：社會福利與政治、經濟及其價值

本章論述，大致可歸納為以下三個項目：

第一：社會福利與政治的關係

資本主義社會一般推行民主政制，人民擁有選舉代議士的權力，他們也會運用手中的選票，改善本身的生活和福利。

政黨在競逐議席過程中，為求選民的支持，常承諾當選後，為人民監察政府，並促使政府落實利民措施。

政制開放後，人民對民主的訴求，除平等的政治權力外，更引申至其他民生項目，如得到平等的教育、醫療、住屋和生活保障的機會。平等是指公平和均等的機會，並不是服務資源的平均分配。

第二：社會福利與經濟的關係

經濟發展後，社會資源增加，人民免於匱乏，基本生活得到保障。

經濟發展一旦上了軌道，財富開始積聚，資源分配不均逐漸浮現，社會矛盾變得尖銳。

社會發展若然未能與經濟發展同步進行，勞資對立轉趨激烈，成為政黨之間的爭鬥。

社會福利在資本主義社會是緩和矛盾的「潤滑劑」，但如何平衡經濟與社會發展，並在改善民生之餘，也不致造成經濟發展的阻力，至今仍未有妥善解決辦法。

第三：社會福利的存在價值和功能

社會福利資源的配置和運用，屬於社會資源第二層次的分配，並沒有改變資本主義勞動工資由市場決定的本質；因此，資本主義私有制並沒有因社會福利而受到動搖。

社會福利所涉及的社會資源再分配，目的是要緩和資本主義卜存在的社會矛盾及財富和收入分配不均的狀況，減少社會不公的現象。

社會福利亦可發揮提升生產力的作用，透過教育、培訓、保健、防範傷亡等措施，提升整體社會的生產力。

社會福利功能之一，是促進社會和諧和穩定。戰後七十年來，推行「福利國家」制度的社會，相對上政治情況較穩定、民生福利有長足改善、人民質素普遍提升，資本主義醜惡的一面有所收斂，而經濟危機所造成的動盪也得到紓緩。

第四章

福利觀念大辯論
——鐘錘左搖右擺

- 上世紀七十年代，石油危機出現後，「福利國家」制度的成效受到質疑，其中最為人詬病的，是行政架構龐大且複雜，市民稅務承擔過分沉重。

- 新保守主義服膺於市場定律，把福利問題的考慮交回個人與家庭，雖避免過分依賴政府，但容易造成社會資源分配不均。

- 新馬克斯主義質疑福利國家的成效，批評可謂一針見血，但缺乏建設性提議，未能在實踐中驗證其理論的真偽。

- 近十多年來，社會福利觀念的發展停滯不前，各國政府關心的是如何減低金融動盪帶來的衝擊，及過分膨脹的財政開支對經濟發展的影響。

- 「第三條道路」與「資本主義內福利三大陣營」，是近年討論最多的社會政策理論，可見在資本主義國家裏，社會政策也有多條道路可走。

1973年石油危機後社會政策的大辯論

　　1973年，世界出現石油危機，全球經濟受到重挫，社會福利發展停滯不前。七十年代中的經濟蕭條，除改變人們對前景樂觀的心態外，還帶來兩點他們必須正視的事實。第一，在衰退期內，物價還是不斷上升，這是過去少有發生的現象，而兩位數字的通貨膨脹，迫使很多人改變過往儲蓄的習慣，因數十年的儲蓄，可能在數年間減去一半實際購買力；這樣，明智的做法，是否放棄儲蓄、先使未來錢？第二，在經濟衰退中，工人再一次經歷長期失業的痛苦，這正是三十年代大蕭條景況的重現。現代經濟發達國家雖對經濟危機的處理有較佳的辦法，但人們認識到，成長不是長久的，政府也無法保證失業工人不會受到經濟衰退的打擊。

　　在經濟衰退期內，人們對集體福利措施的作用起了疑問。第二次世界大戰後，政府權力不斷膨脹，集體福利措施得以落實。面對現代社會的複雜環境，人們不會懷疑政府應擁有較大權力，以便迅速地解決社會上出現的種種問題。不過，當個人生活受到集體措施過分的限制時，反感亦油然而生，他們不禁發問：為什麼必須強迫子女接受千篇一律的教育？為什麼他們不能對自己的醫療方式和退休生活有更多的選擇？

　　在衰退期內，人們對「福利國家」制度的好處感到疑惑。失業和收入微薄的工人發覺政府發放的失業援助金，並非他們期望的可以維持生活。並且，要領取失業援助金，他們必須接受諸多審查和限制，甚至損害他們的尊嚴。至於那些幸運地仍然保持職位的中產人士，他們繳交的

稅款，相對來說最為沉重，得到的保障和利益卻不多。他們不明白為什麼他們努力工作，卻是為那些不務正業的「福利騙子」分擔責任？他們對政府姑息那些「酒鬼」和「犯罪份子」也感到十分憤怒。有些研究發覺「福利國家」制度削弱了家庭功能，使個人失去責任感，也使一些人忽視社會傳統道德。以上主要反映中層人士的心態，戰後那種團結精神亦慢慢消失，各自為政的心理逐漸抬頭，而被稱為二十世紀最偉大的社會發明 ——「福利國家」制度，開始被認為是不必要的，只是政府用來操控人民生活的工具。

過往推崇「福利國家」制度的人士，也對「福利國家」制度的表現感到不滿。經過數十年的實踐，「福利國家」制度對改善人民的基本生活，成績是不錯的，但「福利國家」制度並沒有縮減貧富的差距，有錢的仍佔有社會裏大部分財富，窮人的基本生活雖得到保障，但他們仍是一貧如洗。至於推行「福利國家」制度後，社會是否因此較前公平，也沒有一致的結論。隨着教育的普及和醫療保險的設立，人們已有接受教育的機會，患病的也不至於求醫無門，但調查結果顯示，機會只是相對的增加；「福利國家」制度中得益最大的還是那些中上階層人士，他們的子女比例上有較高就讀專上學院的機會，他們也最知道怎樣使用醫療服務。換言之，「福利國家」制度只能保障普羅大眾的基本生活，社會是否較前公平，卻難有定論。

不過，「福利國家」制度最為人詬病的，是制度本身建立起來的龐大行政組織，不但聘用數目眾多工作人員，且成為接受服務人士的障礙。「福利國家」制度的發展，或許有客觀環境的需要，但隨之而來的

龐大行政組織，存在價值難免受到質疑，而受僱的工作人員，為着本身的利益，反過來使組識更複雜和臃腫。總言之，人們要問的是：社會福利是否只能保障人們的基本生活和需求，應否有更宏大的目的，如達至公平的社會？

事實上，自「福利國家」觀念的興起後，人們便有不同的看法，石油危機和經濟衰退使過往的辯論更趨尖銳，不同階層人士因而提出不同的疑問：一些人認為，過往對「福利國家」制度過分吹捧，現在必須重新作出評價；另一些人認為，經濟危機顯示「福利國家」制度是經得起考驗的，若社會福利制度不存在，很多工業國家可能已陷入更大的危機。無論如何，上世紀七十年代中的經濟衰退，使人們對工業發達國家的社會福利制度作出反省，繼而尋找新的方向，並對過往奉行的福利觀念進行重整。1979 年，英國保守黨上場執政，明確表示要全力推行各項私營化計劃，亦即要拆毀「福利國家」制度；無論保守黨拆毀「福利國家」制度是否成功，經過差不多二十年保守黨的管治，到九十年代中，英國的社會福利制度已變得面目全非。在這二十年中，關於社會政策的討論，不再集中於「福利國家」制度的成敗，一些學者轉用馬克斯理論進行分析，一些提出保守主義的改良版，一些研究發展中國家的福利制度，探討是否可從其中得到啟示。

總括而言，經濟危機的出現，迫使決策者對實行已久的福利制度重新評估；福利制度本身存在的弊端，也因經濟危機的衝擊而逐漸浮現。以上討論，並非否定「福利國家」制度的價值，或其中出現的弊病已無藥可救，但若然要分析過去半個世紀以來社會福利制出現的轉變，以上

的交代是必須的，也可見社會福利觀念並非什麼金科玉律，永久一成不變，實際情況是必須跟隨時代而不斷改變。

新保守主義思想的興起

所以，當七十年代中經濟衰退和通貨膨脹同時出現時，西方工業國家的反應並不是如何加強社會福利設施，以減低貧困者的痛苦，而是一連串保守和自衞行動。經濟方面出現的措施，並不是這裏討論的範圍，但當時濃厚的保守氣氛，也影響了人們對社會福利的看法。這些看法通稱為新保守主義（The Neo-Conservative），以別於十九世紀時盛行的保守主義。

關於社會福利的發展歷程，一般想法是當資源充足時，政府較有能力滿足人們對福利的需求，到資源緊縮時，很多過去訂下的計劃便得束之高閣。不過，實際情況卻不是這樣。在過去百多年社會福利發展的過程中，很多重要創新計劃都是在最艱難時期出現的。例如，美國的社會保障法例是於 1935 年通過，那時美國正經歷前所未有的大衰退。又如英國的全民醫療服務（National Health Service），是於 1942 年提出來的，那時英國正在苦戰之中。「福利國家」觀念始於十九世紀末，但制度是於第二次世界大戰後才逐漸建立起來。總括而言，人們是在貧困中才特別感到社會福利的重要。

　　上世紀七十年代中的經濟衰退，不能與三十年代的蕭條互相比較。第一，衰退是由石油危機引起，能源短缺問題一旦得到紓緩，情況即可得到改善。第二，七十年代的經濟和社會結構，與三十年代比較有天淵之別，特別是中產階級的人數急劇增加，他們成為推動社會發展的主要力量。中產階級雖是社會服務的最大得益者，但當經濟出現衰退時，他們的反應卻非常保守；他們首先考慮的，是如何保衛自己的既得利益。

　　思想上，新保守主義並沒有突出之處，他們追隨的是十九世紀經典經濟學派的看法，認為市場是解決問題最有效的途徑；這樣，個人不但有更多選擇，自由程度也可大大增加。所以，他們反對政府對市場運作有太大控制，一些更認為政府的責任只是維持治安和抵禦外來侵略；他們認為政府的活動範圍愈少愈好，所以對「福利國家」制度沒有好感。大致上，新保守主義對社會福利的看法與十九世紀時的保守思想十分接近。他們強調的是自助精神（self-help），認為個人必須自助，家庭也必須對成員的需要承擔責任。他們認為「福利國家」制度削弱了個人的責任感，凡事只倚賴國家的協助，也破壞了傳統上家庭發揮的功能。總言之，在新保守主義者的眼中，「福利國家」制度不但對國民的福祉沒有帶來好處，還使他們過分的倚賴他人。

　　新保守主義者對於現存社會福利制度也提出了一些批評。首先，他們認為福利權利（welfare right）最要不得。新保守主義成員之一，伊諾克・鮑威爾（Enoch Powell）曾說：「一個人的需要變成一種權利，是二十世紀最大的異端。」在他眼中，社會福利絕對不是人民的權利；新保守主義者認為人民的權利只限於那些與生俱來的本質，如言論、思想

和信仰的自由，至於一些必須倚賴經濟發展才可實現的目標，如教育和醫療服務等的使用，便不是人民應該享有的權利。

新保守主義的另一個看法，是社會福利一旦成為人民的權利，人民的需求便會永無止境，因為在權利的概念下，他們不需要付出任何代價。不過，政府推行社會服務，費用卻非常昂貴，在需求不斷增加的情況下，社會福利便會長期出現供不應求。新保守主義者又認為，使用社會服務的人，既不用直接付款，他們與那些納稅人或參與社會福利的繳款人士，兩者之間必然出現矛盾。換言之，付款的人希望稅率降低，使用者卻希望得到充足和高質素的服務，雖然兩者可能是同一人，但因為站在不同位置，矛盾仍然存在。所以，為了解決問題，新保守主義者認為，使用服務的人必須直接承擔全部或部分服務的成本；使用者若直接付款，他們對服務的需求必然自我約制。

新保守主義者不是認為社會福利沒有存在價值，他們對普及教育的態度較為積極，他們也認為政府必須對社會裏真正的貧困者加以援手。但他們認為，社會福利應該採取選擇性的推行方式，即服務只供給社會裏不能自助的人士，其他人必須透過市場或倚賴家庭來滿足自己的需要。就是普及教育，他們認為有子女上學的家長，應從政府領取等同現金的代用券（voucher），以繳付子女的學費；這樣，家長可明白普及教育並非「免費」，他們也可替子女揀選自己喜歡的學校。

最後，新保守主義者對於規模龐大的福利機構，更提出尖銳的批評：他們批評社會服務從業員，只曉得維護本身利益，而忽視服務接受者的需要。新保守主義者又形容社會服務機構效率低，工作成效無法評

估，以至服務接受者是否真正得到幫助，並沒有準確的數據證明。

　　新保守主義的興起，反映的是中產階級的心態。在西方工業國家，中產階級最具影響力，面對經濟衰退，他們關心的是如何自保。他們認為「福利國家」制度再向前發展，他們不會有太大得益，卻必須付出沉重代價。他們不希望「福利國家」制度完全瓦解，他們了解制度有存在的必要，自己也從中得到很多好處，但集體福利措施經過數十年的發展，結果令他們的自由和選擇愈來愈少。換言之，他們感到不滿的，並不是社會福利本身的價值，而是現行制度使他們愈來愈沒有選擇餘地。

　　因此，八十年代期內，當英國的保守黨和美國的共和黨提出減稅和限制社會福利開支時，他們得到選民的支持。但正如以上指出的，大部分選民並非真正要求政府削減各種社會服務開支，需要仍然存在，而中產階級常是最大得益者。所以，當英國的保守黨和美國的共和黨執政後，雖實踐了一些新保守主義提出的經濟政策，例如控制貨幣的增長以打擊通貨膨脹，但新保守主義的福利主張，得到確切推行的並不多，因緊縮財政開支難免造成高失業和低增長，只會增加人民對政府的不滿意。結果，西方工業國家的社會福利制度，只是停滯不前，實質變化並不多。英國政府曾削減部分福利項目，對於失業金的發放也嚴格限制，但全民保健服務的私營化計劃，從未全部付諸實行，可見新保守主義多留於理論層面。

　　新保守主義對社會福利的看法，最大弱點是以十九世紀的觀念來解決二十世紀的問題。「福利國家」制度雖有不足之處，必須加以糾正，但新保守主義提出的自由和選擇等觀念，都是相對性的，不但現實世界

裏難有真正的自由和選擇，對不同階層人士來説，自由和選擇也有不同的意義。新保守主義認為平等（equality）是不存在的，每個人來到這個世界時並不一樣；但正因世界存在眾多不平等，能夠平衡各種不平等現象的社會福利，便顯得更加重要。

　　況且，社會福利已不再是可有可無。自助精神誠然值得嘉許，但面對長期失業和退休生活保障等問題，個人努力總有限度，舊日家庭制度發揮的功能也一去不復返，市場機制解決問題的能力也不是靈丹妙藥。新保守主義者必須承認，市場機制本身並非十全十美，特別在跨國集團影響下，市場的供求關係常常出現不平衡，私營化的方法可解決部分問題，但社會服務的價值難用金錢來衡量。

　　在香港，新保守主義提倡的理論並不陌生。以經濟結構來説，香港被公認為十九世紀自由經濟的典範。香港從來沒有着意推行「福利國家」制度，普及教育的實施是基於客觀環境的需要，而政府雖是一半人口的「業主」，但私人房屋市場仍非常蓬勃，政府的公共房屋政策也是選擇性的，市民入住公共房屋並非他們的權利。在第 1 章裏，我們曾指出，香港市民對各項社會福利措施的看法，已逐漸以社會公平和福利權利為基礎；不過，市民態度上的轉變，並非意味政府在制定社會政策時，已採用上述兩個觀念為施政的準則。實況上，香港的社會福利奉行的，仍是舊有保守主義的主張，所以當新保守主義在西方工業國家受到重視時，卻未對香港的社會福利制度造成衝擊，因香港從來沒有建立西方形式的全民福利制度。

新馬克斯主義的挑戰

對香港的政府官員來説，新保守主義有很大吸引力，可減低政府承擔的責任，但對社會服務從業員，新保守主義無疑是一種倒退，返回「福利國家」制度之前的光景；況且，新保守主義講求實際效益，欠缺的是理想，在追求公平和維護弱者的權益人士看來，很難得到認同，對青年學子也很難產生啟發作用，所以新保守主義在學院裏，並不太受到學生的歡迎。

自石油危機發生後，社會福利的另一思想取向，是走向新馬克斯主義。正如新保守主義一樣，新馬克斯主義也不是新的思想體系，只是運用馬克斯提出來的一些概念，對社會福利進行分析。在討論新馬克斯主義的觀點以前，有兩點必須説明：第一，新馬克斯主義對社會福利的看法，不能與共產主義國家的社會福利制度相提並論。一般共產主義國家的理論家，對新馬克斯主義也沒有好感，他們認為新馬克斯主義只是一些浪漫的夢想者（romantic dreamer），對馬克斯思想沒有真正的了解和認識。第二，新馬克斯主義到了今天，仍停留在思想體系的範圍，並沒有國家認真的推行新馬克斯主義，所以他們的主張是否切實可行，或實行時有什麼利弊，至今沒有答案。

平心而論，新馬克斯主義者對採用「福利國家」制度的國家所進行的分析，確有精彩之處。他們引用大量數據，證明「福利國家」制度並未對社會結構和資源分配，造成根本性的改變：社會裏貧富懸殊的現

象仍十分厲害，低下階層人士的收入在整體分配中只佔極小比例。至於私人財富的分配，因為勞動階層無法積累資本，所以懸殊情況更厲害。新馬克斯主義者發覺，西方工業國家採用的稅制雖是累進性的，但由於法例的漏洞，例如跨國公司的特殊地位和種種個人入息免稅額等，賺大錢和高薪人士繳付的稅款並不多；相反，形形色色的間接稅和銷售稅使普羅大眾承擔沉重的稅務負擔。至於社會保險計劃的繳款，中下階層必須從收入中扣除，高薪人士卻多可得到僱主代付，成為他們附帶福利之一。

關於社會服務的使用情況，新馬克斯主義者指出，得益最大的並非低下階層，而是收入較高的中產。在「福利國家」制度成立初期，很多社會服務只限於低收入者，但隨着普及制度逐漸推廣，享受社會福利成為人民的權利，社會服務再不單為某一階層人士而設。在這情況下，中層人士既有較高知識水平，對服務的使用自然較佔優勢；另一方面，提供各類社會服務的從業員，本身以中產佔多數，他們對於背景相同的使用者，也不自覺地給予較大的方便。

一些思想較為激進的新馬克斯主義者，更認為「福利國家」制度只是執政者的社會控制工具（social control agent），用以緩和低下階層人士的不滿情緒，並驅使他們繼續為資本主義服務。新馬克斯主義者不滿的是，低下階層人士對政策的制定多缺乏參與的機會，他們提出的意見也多得不到重視。新馬克斯主義者又批評西方工業國家的社會福利制度，至今仍存在很多不公平現象，例如教育服務，雖然普及教育推行已久，但貧困地區的學校多設備不足，師資與富裕地區比較也有極大分

別。至於低下階層人士領取的社會保障，也常帶懲罰性，例如失業金，不但有諸多限制，有時連行動自由也受到約束，如不得前往某某渡假區，離婚婦人若領取援助金，個人私生活必須受到監控等。

「福利國家」制度成績不顯著，漏洞又多，根本問題在哪裏？根據新馬克斯主義者的分析，基本問題是社會的生產工具（means of production）或資源仍由少數人擁有，政府代表的也只是這少數人的利益，所以無論社會福利制度如何擴展，基本性質和功能並沒有改變。為了扭轉局勢，新馬克斯主義者建議低下和勞動階層組織起來，爭取控制生產工具，否則現在社會結構和資源分配不會有變化。以上分析，正是馬克斯在十九世紀時對資本主義的批判，但在馬克斯時代，資本主義正在萌芽階段，「福利國家」制度仍未建立，但進入二十世紀後期的資本主義，隨着中產階層的興起和「福利國家」制度的發展，無疑已大大改變了資本主義的原來面貌。

所以，面對新的形勢，新馬克斯主義者對資本主義的態度，也不是要全盤否定現存的制度，他們也不是要鼓吹革命，但他們並不滿意「費邊社」等組織提出的溫和主張，他們希望透過民主選舉，推翻現行執政的保守政權，另行組織更能代表勞動階層利益的政府。在他們的構想中，真正代表人民利益的政府，必須把重要的經濟活動國營化，這樣人民才能真正擁有社會資源，並使社會資源達到改善人民生活的目的。新馬克斯主義者認為，現代工業社會存在的問題並不是資源不足，而是分配不平均，所以只要資源得到合理分配，人民的整體生活水平便可提高。至於具體改善社會福利制度的辦法，新馬克斯主義者對新保守主義

提出的私營化和選擇性措施，自然不能認同；他們雖認為普及性的制度並非十全十美，但只要加以改善，取消對受助者不利的限制，或進行積極的甄別（positive discrimination），低下階層人士會受惠更多。

以上講過，新馬克斯主義只是一種理論，至今未有實踐驗證，所以很難作出評論。大致上，新馬克斯主義者對「福利國家」制度的評價是正確的。過往有關社會福利的分析，一般只從「需要」和「保障」等角度入手，對於服務享用者的階級背景、社會資源的運用與階層之間的關係，多有忽略，新馬克斯主義者正好在這幾方面作出補充。新馬克斯主義者對社會福利的實際效果，亦有較中肯的評價。在「福利國家」制度發展初期，「費邊社」成員為了鼓吹各國政府採納建議，文章中多滲入濃厚感情成分，例如英國倫敦經濟及政治學院首任社會行政學教授理查德·蒂特馬斯（Richard Titmuss）便曾形容英國的全民保健服務是二十世紀最偉大的社會發明，並經常為「福利國家」制度辯護。「福利國家」制度無疑有不少好處，但該制度本身的限制也不容忽視。

新馬克斯主義者從多方面分析「福利國家」制度的成敗，但任務完成後，他們卻沒有什麼具體的建議。事實上，新馬克斯主義本身亦有不少矛盾。他們主張國家的基本經濟活動由政府控制，以確保人民的利益得到保障，但他們卻不認同共產主義國家採用的措施和政策。他們對社會福利的功能推崇備至，但他們又認為勞動階層在社會福利中並沒有得到最大益處。到目前為止，新馬克斯主義還沒有實踐的機會，政壇中與他們思想最接近的，應是英國工黨的激進份子，但當英國工黨於 1997年重新執政後，走的卻是「第三條道路」，並非新馬克斯主義鼓吹的改

變，連生產工具國有化的主義，也在競選前在黨綱中刪去。

以香港現實環境而言，新馬克斯主義可說完全沒有市場。首先，香港從來沒有採用「福利國家」制度，所以新馬克斯主義對「福利國家」制度的批評，並不適合香港。香港市民的階級意識亦十分薄弱，對於以階級理論分析社會現象的做法，並不感到興趣。而香港實行資本主義制度，對國營化事業一向存有戒心，新馬克斯主義要求政府擴大經濟活動範圍，香港市民多不能接受。

九十年代末開始，社會福利觀念的發展可說停滯不前，所謂「第三條道路」只是維持現狀，不向左也不向右。其後，也有一些觀念提了出來，如社會資本（social capital）和社會共融（social inclusion）等，但這些觀念並沒有帶來新的潮流和衝擊，只可補充現有制度之不足。事實上，過去十多年來，世界各國關注的是如何避免經濟動盪帶來的破壞及削減財政赤字，如何發展社會福利也不再視為政府首要的任務，連貧富懸殊加劇也認為是經濟調整過程中無法避免的「陣痛」，社會福利觀念的辯論可說進入了一段真空期。

小結：社會福利觀念如鐘錘一樣左搖右擺

社會福利發展的軌跡如鐘錘一樣，向右搖到終點便走回頭，向左到了終點又回向右。以社會福利理念而言，左方和右方的傾向十分明顯，

而在左右兩極之中，也存在着不同的觀念。大致上，左傾福利觀念以新馬克斯主義者為代表，中心思想是「按需分配」；右傾福利觀念以新保守主義者為代表，主張世上沒有「免費午餐」。左右兩方之中，社會政策學學者艾斯平．安德森（G. Esping-Andersen）提出，同是資本主義國家，推行的福利制度也可分為三大模式，即：自由模式（liberal）、企業與國家結合模式（corporate-state），及社會民主模式（social democratic）；模式的名稱雖有差異，但同樣沒有改變資本主義的特質，所以只能看作是光譜從左至右的不同組合。

　　近兩三年來，談論較多的社會政策概念，是不論貧富和需要的「國民基本生活收入」（citizen basic living income）。2016 年，芬蘭是首個試驗推行「國民基本生活收入」的國家，目的是減除過去種種不同形式的津貼，節省因審查而涉及的行政費用。「國民基本生活收入」類似過去提議的「負入息稅」，但兩者均要求政府負起龐大的財務責任，所以芬蘭的試驗計劃，無論成功或失敗，對世界社會福利制度的發展均會有重大影響。

　　如上所述，社會福利觀念在左右之間盤旋，如在上世紀戰後初期至七十年代中，潮流憧向左，促成「福利國家」制度的出現。七十年代中開始，鐘錘回轉向右擺，現在是否到了終極還不能確定。不過，鐘錘無論擺向左或右，建立起來的制度不會短時間內消失。以西方經濟發達國家為例，八十年代起，右傾福利思想成為主流，但集體形式的福利措施仍比比皆是，政府的福利開支仍十分沉重。事實上，現代福利制度的建立，最重要的影響因素還是資源是否充足。工業革命開始，資源增加，

適齡兒童才可享受免費教育，病人得到先進醫療設備的治療，連沒有工作能力的人，如兒童、老人和傷殘人士，皆可得到基本生活的保障；這種近似「大同社會」的情況，無論當政者採取的是左傾或右傾的思想，在工業革命前是沒有可能出現的。昔日《禮記》描繪的「人不獨親其親，不獨子其子，使老有所終，壯有所用，幼有所長，鰥寡孤獨廢疾者皆有所養」的理想，卻在資源增加的情況下，今天透過社會福利都可算做到了。

　　這樣，今天的社會福利制度是否已臻完善？當然不能這樣說，但資源增加使過往無法實現的理想，今天都有實現的機會。從這個角度看，社會福利觀念或左或右，便似乎不太重要。以福利制度的作用而言，「福利社會」與「非福利社會」也可能分別不大。以社會保障作為例子，英國於 1911 年開始推行社會保險，美國到 1935 年才開始實施；雖一般稱英國為「福利社會」，稱美國為「非福利社會」，但兩者在社會保障方面的開支差別不大。再以英國的例子來分析，七十年代中期以前，英國政府主要由工黨執政，走的是左傾福利主義路線；到 1979 年，保守黨上場，福利發展以新保守主義思想為基礎；不過，保守黨與工黨的理念雖有差異，但無論誰執政，福利服務實際發揮的作用，工黨與保守黨時代的差別並不大。

　　如上所述，教育、醫療、社會保障等福利制度一經確立，徹底的改變是不可能的，如英國的國民保健服務，保守黨當政時曾想整頓，把整個制度脫離政府獨立經營，但每次提案都遭到激烈反對，最後國民保健服務只有輕微的改變。福利制度所以沒有出現大改變，原因是理念可以

在短期內更改，制度和相關規定卻不是一朝一夕可以改變，特別是受僱用的工作人員，怎可接受剎時執政黨的更替而改變行之已久的制度。還有，「福利國家」制度是從上世紀三十年代的「社會契約」觀念逐漸演進而來的，歐洲多國的國民對社會福利已形成了鞏固的共識，又怎會隨福利觀念的左搖右擺而起舞？

過去二十年，社會福利觀念雖沒有出現突破，但一些更深層次的社會結構性問題，如「全球化」、「中產下流化」、「貧富兩極化」等現象，對不同政黨和社會政策學者來說，除了是必須面對的問題外，也必須盡快尋找解決辦法。總的來說，福利觀念可以左搖右擺，但福利制度一旦建立起來，要隨意更改並不容易，畢竟觀念所代表的，是對未來的期望和想法，福利服務卻是實實在在的滿足人民的需要，而人民需要的福利服務，是不會因思想潮流的轉變而消失；所以，福利觀念可以左搖右擺，福利措施卻是永恆不變的制度，因社會總有人需要幫助，而為了社會的穩定和發展，社會福利在現代社會已是不可或缺。

第五章

香港回歸前的社會政策
——穩定社會的工具

- 戰後初期，香港政府並沒有目標長遠的社會政策，福利服務只求應對迫切的社會問題和需要，所以常被批評為「頭痛醫頭、腳痛醫腳」，全無規劃可言。

- 上世紀六十年代開始，教育、醫療、房屋和福利相繼訂立發展目標，七十年代時更成為穩定社會的支柱；社會政策的制定，依據的是英國的模式，先有「綠皮書」諮詢市民意見，後以「白皮書」確定發展方向。

- 回歸前，社會服務雖有規劃，但政策是否推行，端視乎政府的財政狀況及對經濟競爭力的影響，民意取向是最後的考量。

- 殖民地管治是行政主導，政策制定全由政府負責，議會只能發揮諮詢和監察的作用，民眾意見對政策的制定難有實質的影響。

- 殖民地政府最後留下的，是政策制定過程的「政治化」，社會福利與政治活動緊緊扣在一起，社會政策往往在政治爭議中搖擺不定。

應對迫切的社會問題和需要的福利措施

港英時代的港督戴麟趾於 1972 年離任前，曾對香港的社會和經濟狀況作了一個總結，他認為香港社會政策的起點，應以 1953 年石硤尾大火後，政府開始公共房屋建設算起。若論政府對市民基本生活的承擔，這個分析不無道理，因為住屋是市民最基本的需要。不過，那時還沒有特定的社會政策，只是事態危急，政府不能不對問題作出反應。所以，從長遠策劃的角度看，應急的措施不算是周詳的社會政策。

回歸前，香港的社會政策皆以服務的類別劃分，而每項服務均設有相應的委員會負責提供意見：教育方面有教育統籌委員會，醫療方面有醫務發展諮詢委員會，公共房屋方面有房屋委員會，福利方面有社會福利諮詢委員會，勞工事務方面有勞工顧問委員會。除房屋委員會外，其他委員會都是諮詢性的，只提供意見，需要撥款的建議必須由行政機關提出，立法局財務委員會負責審批，也就是傳統以來稱的「行政主導」。

執行方面，各項社會服務由不同政府部門負責，例如福利政策，由社會福利署負責等。以性質來說，各項社會服務政策全部以功能劃分，即以社會不同需要和問題為分界。至於政府對市民的需要所承擔的責任，開始時十分有限，例如住屋需要，政府最初只是安置一些受天災影響、無家可歸的家庭，公共房屋範圍日後不斷擴大，包括租住公屋和「居者有其屋」。因此，政策的作用當初雖只是滿足市民的基本需要，但隨着時代的變遷，服務發揮的功能變得多樣化。

　　香港各項社會服務都有特定的作用，它們的存在價值無可置疑。從社會功能的角度看，各項社會服務各自解決社會上不同的問題：例如，有人無家可歸，公共房屋便有興建的必要；有人餓死街頭，便必須設立救濟措施。不過，很多社會問題其實早已存在，政府要到哪個時候才訂定應對措施？舉例，石硤尾大火以前，香港已有數以萬計難民無棲身之所，但政府因缺乏資源，所做的並不多，待石硤尾大火後，五萬多人一夜之間流離失所，政府被迫插手。其他社會服務的發展過程，也有類似情況，即問題早已存在，只是未到十分嚴峻的地步，加上政府資源有限，只能做些緊急性的措施，未能對問題作出長遠的解決辦法。

　　總的來說，戰後初期，香港政府的各項社會服務，都是針對一些特定的問題和需要，沒有長遠的發展目標和策略，所以當問題的性質一旦出現變化，有關措施便容易過時。例如，早期的公共房屋政策，針對的是低下收入家庭的住屋需要，房屋設施十分簡陋，租金亦訂於極低水平；但公屋居民的生活逐漸改善後，他們對住屋的要求相應提高，徙置事務署當初訂立的標準，如每位居民的生活空間，便很難滿足公屋居民的要求。

六十年代開始的長遠社會服務規劃

　　回歸前的社會政策常被批評為「頭痛醫頭、腳痛醫腳」，缺乏長遠

發展目標。上文講過，香港社會服務開始時，多是針對具體和迫切的社會問題，所以「頭痛醫頭、腳痛醫腳」的評語未必全無道理。到了上世紀六十年代，政府知道，往日被視為暫且在香港棲身的大陸難民，看來將會長久在香港居住，所以當初被視作短暫的教育、醫療、房屋和福利等措施，不但會成為政府長遠承擔的任務，政府也必須闡明本身對這些服務的立場和發展方向，於是一連串關於社會服務的政策文件相繼推出，包括：1964 年發表的《香港的教育政策》、《香港的醫療和衛生服務》、《寮屋控制：徙置及政府廉租屋》，及 1965 年的《香港社會福利的目標和政策》。至於援助貧困家庭的救濟措施，1971 年成為政府首項社會保障的公共援助計劃。

　　到了 1967 年，連接兩年發生的暴亂，政府也意識到，必須對一些社會問題訂立長遠的解決辦法，否則社會無法管治下去；社會人士也普遍希望政府的施政，不再是被動性的，不應在問題出現後才作出回應，必須主動和積極的，為普羅大眾創造良好的社會環境。例如，市民盼望公共房屋建設，不應限於安置無家可歸者，而是確保每一個家庭均享有自己的居住單位。又如婚姻生活，政府的工作目標，不應是當夫婦感情出現破裂才提供協助，而應着眼於如何促進和諧美滿的婚姻生活。七十年代開始，社會政策明顯有了一些改變，特別在麥理浩出任港督的十年裏，他把醫療、教育、房屋和福利服務形容為建設香港社會的「四大支柱」；麥理浩希望透過這些措施，能實質的改善市民的生活，而他的願望，也改變了眾多政府官員對社會服務的看法。不過，政府對各項社會服務雖有詳細的發展藍圖，但政府在每一份政策文件中，都在顯著地方

加上注腳，説明計劃是否可以如期推行，必須視乎當時政府的財政狀況。簡而言之，若政府財政充裕，訂下的目標就有實現的機會，政府不會為了達成目標而向外借貸，或改變一向奉行的低税率等財政措施。

除了訂立長遠目標的政策文件外，到七十年代中，政府還根據顧問公司麥健時的建議，把政府的工作分成若干程序（programme），例如：為弱能人士（今稱殘疾人士）而設的康復服務分屬為一個程序，並按照這個程序包括的範圍，為弱能人士規劃有關服務的未來發展。每個「程序計劃」（programme plan）都涉及多個政府部門和非政府機構的工作，所以，這種跨部門和界別的「程序計劃」，實在較以往有很大進步；規劃的範圍既不限於單一政府部門的工作，政策便能整體性地解決問題，避免過往「頭痛醫頭、腳痛醫腳」的弊端。當時，按照不同的程序，政府在福利範圍內，發表了針對弱能人士、社會保障、青少年發展、家庭支援、老人服務的未來發展等「綠皮書」，並綜合成為 1979 年發表的福利政策文件。

麥理浩出任港督的十年，常被稱為社會服務發展的「黃金十年」，而事實上，在這十年裏，社會服務的功能和作用，也出現了巨大的變化。第一，教育、醫療等社會服務，成為政府提供的服務中最重要的項目，再不是為了應付急迫的社會問題和需要，而是政府對改善市民生活的承諾。對政府而言，社會服務也是重要的管治工具，市民享用社會服務之餘，不但對政府產生好感，也會對自己的生活和未來充滿盼望。

第二，「程序計劃」的出現，顯示社會服務的規劃再不是「急就章」的，而是有長遠的目標，有既定的檢討機制，及政府的承擔。換言之，

社會服務的發展是有跡可循的，成為政府工作的重要部分。

　　第三，社會服務的提供，政府無疑負起最大的責任，特別在財務資源方面，社會服務共佔去政府經常性開支一半以上，但無論在決策過程和實際營運方面，政府都容許民間組織的參與，尤其是教育和福利服務，經營機構到今天仍以非政府組織為主。決策過程方面，政府除透過「綠皮書」收集民意外，各有關諮詢委員會亦扮演重要角色。當然，政府的決策還是以「行政主導」為主，一切政策只能由政府首先提出來，透過「綠皮書」收集得來的意見只作參考，立法局議員提出的建議或有改善政策的作用，但最終是否推行，或用何種形式推行，政府有最後的決定權，政府更不用向市民交代，要交代的是擁有香港治權的英國政府。

上世紀八十年代的社會政策

　　麥理浩後，尤德和衛奕信相繼出任港督，他們提出社會服務應使香港成為「關懷和健康」（caring and healthy）的社會；可惜，他們對如何達成目標，鮮有發表周詳及實質的建議和計劃，有關官員也無法提出什麼真知灼見，「關懷和健康」的社會，遂成為空洞的理想和口號。其實，從針對市民的困難和需要的政策方針，到發展香港成為一個「關懷和健康」的社會，要走的路實在非常遙遠，踫上八十年代香港正為政治

前途問題多番折騰，政府縱然提出宏大的願望，社會服務並沒有因此出現突破形式的發展，期間值得提出來討論的，是青年政策和家庭政策的制定所牽涉的問題，也可見香港在過渡期政策制定的特色。

　　八十年代初，民間組織對社會政策出現了一些新的概念：認為政策應是主動性的，應先訂下大眾認同的社會目的，然後制定具體的服務發展策略。以公共房屋為例，目標應是每一個家庭都有獨立的住所，這是社會人士的普遍期望，有了這個目標，便可制定長遠的房屋政策。又如八十年代初，香港社會服務聯會曾建議政府訂立家庭政策，因為與其針對個別破壞家庭的因素，為什麼不可以先研究現有香港的家庭狀況，並達成維護家庭完整的政策。邏輯上，這樣的社會政策制定模式，不單可以更有效解決家庭問題，更且可以改善目前的家庭狀況，達到公眾期望的境界。不過，這樣的家庭政策（family policy）必須有周詳的計劃，甚至會影響過渡期的移民安排，也會令政府承擔更大的財政責任，所以建議提出後，並未得到當時政府熱烈的反應，建議無疾而終。

　　1986 年是國際青年年，國際青年年過後，政府成立中央青年事務委員會，到 1988 年 4 月，委員會發表報告書，建議政府制定青年政策，並同時諮詢市民的意見。委員會認為，青年政策的制定方法，可先訂立一些如何促進青年人未來發展的目標，如提高青年人的政治和社會意識，及促進青年人與家庭的和諧關係等，然後按照這些目標，各有關政府部門和青年工作機構，便可訂定工作的方針和具體的服務內容。不過，這種先訂定目標，然後討論具體的服務內容的政策制定方式，可能是太先進了，也會引起政府架構的重新改組，公務員一時間也未必接受

得來，加上在過渡期間，青年人的政治意識和身份認同是敏感問題。所以，建議提出後，並未得到政府的接納，青年政策最終不了了之。

今天，回想起來，可見八十年代政府制定政策的模式和步驟，還是不能超越個別社會問題和需要，雖然範圍隨「程序計劃」擴大了些，但政策仍是向後看的，即問題和需要出現了，政府才開始制定解決的方法；如果不是向後看問題，而是前瞻性的，政府就會有猶豫。例如訂立家庭和青年政策，不但要對問題和需要作出預計，還要訂立一連串未來必須達成的目標，就很難得到政府的接受。再以退休保障為例，政府多次否決成立退休保障計劃，最初的理由是大多數長者仍與子女同住，無依無靠的只佔少數，但這是向後看問題；如果向前看，市民退休後，應該享有自己的經濟來源，這是未來必然出現的趨勢，完善的退休保障制度便有成立的必要。

當然，社會政策不能忽視現存的具體問題，但問題的性質是會隨背後的觀念而改變的；若然觀念出現變化，有關政策便必須隨之而更改。所以，就是政府作決策時只顧向後看（所謂「行之有效」），也不能忽略社會對服務背後觀念的轉變。以公共房屋政策為例，當初的公共房屋政策，只是為低下階層提供住所，到 1987 年，香港房屋委員會發表「長遠房屋發展策略」，首次承認「住屋」是全部市民的基本需要，而公共房屋建設是其中主要的構成部分。換言之，政府對公共房屋的看法改變了：「住屋」是關乎全部市民福祉的政策，政府必須有全盤的規劃，公共房屋是政府在滿足市民「住屋」需要中最重要的工具，政府在每個發展階段中，也必須不斷調整本身扮演的角色。

在此之外，社會服務的管理也必須因時並進。例如，公立醫療系統的管理，在醫院管理局於 1991 年成立前，分為政府醫院與資助醫院兩大類，行政架構各有差異，資源運用也不理想。八十年代中，政府找顧問公司對整體醫療制度作全面的檢討，其後發表的「史葛報告」，建議政府成立醫院管理局，全權負責公立和資助醫院的管理，更建議政府進行醫療融資，以應付未來人口老化造成的財政負荷。香港的醫療制度在九十年代初，遂出現了翻天覆地的改變，這也是八十年代長遠政策規劃帶來的另一個結果。

最後要討論的，是社會政策制定後，由誰負起執行和財務開支責任的問題。當時市民的反應是：政策既是政府制定的，執行和財務上的開支，當然也應由政府負責。這種想法到今天仍留下兩個弊端：第一，因任務全由政府承擔，所以政府對長遠的社會政策制定多有抗拒，除非問題十分嚴峻，或政府有足夠資源履行承諾，多不敢貿然訂立長遠發展計劃。第二，在市民心裏，政府既承擔社會服務策劃及財務開支的責任，所以任何融資方案，或市民必須參加供款或繳付費用的建議，都會遭到市民激烈反對。這兩個弊端，今天仍是社會政策制定時面對的困難。但整體上，七八十年代香港社會政策的制定，已逐漸擺脫舊有思維，雖仍主要針對個別社會問題和需要，但已開始有長遠的目標和規劃。

關於社會政策的制定，還有一點必須提出來討論，就是香港會否發展成為「福利國家」？八十年代中，香港差不多一半人口住在政府興建的公共房屋，全部市民皆可享用接近免費的教育和醫療服務，有商人憂慮，這樣集體性的社會福利措施，會否改變香港資本主義社會的特

質？也是否違反了 1984 年中英聯合聲明關於香港在 97 年後資本主義制度五十年不變的承諾？不過，以政府的財政開支而言，當時香港的公營部門，每年的開支保持在生產總值（GDP）百分之二十以下，又怎可與一般「福利國家」常佔百分之三四十相提並論！在此之外，政府也不斷重申，政府實行的政策，可概括稱之為「積極不干預」（positive non-intervention），意思是政府訂立的政策，不會妨害（frustrate）市場的運作，更不會影響香港的競爭力，商界人士實在不用擔心香港會變成「福利國家」。香港雖不會成為「福利國家」，但可見在民意中，亦有部分市民抗拒政府增加福利開支，或推行全民性的社會服務。

回歸前的社會福利「政治化」

上世紀九十年代前，社會政策的制定基本上是「非政治化」的，即官員在規劃各項社會服務的發展時，並不會考慮政治的因素，因殖民地政府並不容許政黨政治，政府也不須顧慮反對黨的反對。就是立法局於 1985 年開放小部分議席有間接功能組別的選舉，但間接選舉對政府的政策規劃過程，大致上並沒有帶來改變。當時政府最關心的，是資源是否足夠，及發展對政府的財政會否構成沉重的壓力。

這樣說來，政府在制定社會政策時，是否全無政治考量？這就視乎我們對「政治」的解釋。如果「政治」一詞如國父孫中山先生的看法，

是指管理眾人的事,那麼,殖民地政府在決定政策的過程中,也必然有本身的政治目的,也會計算政策是否對政府的施政有幫助。

1981 年,麥理浩在離任前的最後一份施政報告中,曾說:「我們的社會安全網,雖不算完整,但總算使那些不幸人士,只要證實他們有此需要,便可得到治療、教育、生活支持或庇護,而我們也有租金廉宜的公共房屋計劃。」正因有了社會安全網,麥理浩繼續說:「在 1974-75年間發生經濟衰退時,以及其後的經濟復甦期,所謂『資本主義醜惡的一面』明顯地沒有在本港出現,這是香港得以復元的原因之一。現時由於本港經濟大致穩定,而且前景樂觀,部分人士似乎逐漸遺忘以往的教訓,地產界出現過度投機的現象,部分交易影響民生,有人會說,在自由經濟社會,市民必須既能享樂,也能受苦,但受苦的市民往往沒有機會享樂。」

麥理浩的說法,可見殖民地政府在制定政策時,政治因素可能凌駕在其他因素之上,甚至資源是否足夠也屬次要,最重要是政府如果不設立社會安全網,「資本主義醜惡的一面」便會在香港出現;結果是民怨沸騰、社會矛盾變得尖銳,那時政府的管治難免受到挑戰,施政也會困難重重。一言以蔽之,麥理浩設立社會安全網,自有他的政治目的。

香港於 1991 年引入立法局地區直選議席,從此社會政策的制定出現了巨大的變化。在這次選舉中,政治團體和民間組織都把握機會,要求候選人答應支持成立中央公積金。政府當時的立場,仍是認為退休保障制度是不需要的,也認為中央公積金會使政府介入經濟活動,並不適當。但選舉過後,當選立法局的直選議員,全部都曾答允支持成立中央

公積金；迫於政治形勢，政府明白，要繼續否定退休保障的迫切性，簡直是與民為敵。於是，政府成立內部工作小組，研究退休保障的可行方案；小組半年內提交報告，建議政府成立類似今天的強積金計劃。明顯地，這次政府改變態度，並不是基於財政上的考量，而是政治形勢的改變，使政府明白，若堅持過往的立場，不但有逆民意，也證明政府並不重視直選議員的意見，這樣又何必引入立法局直選議席？

　　經此一役，市民和議員都看到，政治與社會福利存在密切的關係：市民必須利用自己手上的選票，並透過選舉來改善自己的福利；參與選舉的也知道，要得到選民的支持，必須反映他們的訴求，也唯有這樣，他們才有當選的機會。這就是「社會福利政治化」，即把社會福利與政治拉上關係，利用選票來爭取自己期望得到的社會服務。其實，「社會福利政治化」的過程，區議會有直選議席時已發生，但區議會討論的，只限於地區層面的議題，等到立法局有直選議席，議題才擴展成為全香港性的，如政府應否成立中央公積金。

　　到 1992 年，彭定康出任香港最後一任港督，社會福利「政治化」在他五年的任期內更趨熾烈。香港過去的港督，在麥理浩以前，全都是殖民地官員，麥理浩是第一位由資深外交官出任的港督。彭定康是政治家，出任港督之前是英國保守黨主席，對政治運作瞭如指掌，也懂如何利用民意的支持來達到政治的目的。所以，在彭定康出任港督的五年裏，政府推行的各項政策總有濃厚的政治意味，包括政策應否推行，民意是否支持成為決定的因素；至於如何取得民眾的支持，無論政府、政黨和民間團體，都逐漸學懂必須透過政治活動來達成目的。

除彭定康發揮的影響力外，到了九十年代初，政黨紛紛成立；1991
年進行的立法局選舉顯示，沒有政黨的支持，獨立候選人就是取得議
席，他們在議會上發揮的作用有限，更不要說推動政策的制定。政黨政
治一旦建立起來，事情難免變得「政治化」，因政黨知道在決定自己的
立場時，首要考量的並不是事件本身的價值，而是自己的取向會否為他
們爭取更多選票。這種把選票放在第一位的情況，凡有普選的社會都會
出現，並不是香港獨有的現象。

另一促成社會福利「政治化」的原因，來自公民社會產生的動力。
關於香港公民社會的成形過程，第七章會有詳細討論。到了九十年代，
香港市民不再沉默，他們對不合理的現象會表達自己的意見，對不公平
的制度會提出改革建議，對自己的需要也會催迫政府制定改善的政策。
社會福利「政治化」最為香港市民熟悉的事件，是彭定康於 1994 年提
出的「老年金計劃」，即透過僱主和僱員的繳款，香港居民到達六十五
歲時均可每月領取一定數額的老年金。老年金是否可行，另有章節討
論，但方案交由社會討論時，彭定康同時提出他的政改方案，目的是要
把香港的政制發展推向全民普選的階段。明顯地，彭定康提出老年金計
劃，是要顯示英國政府在離去前，不但願意給與香港居民政治選舉的權
利，還很着意改善他們的生活，讓長者生活得到保障。彭定康這樣做，
是把社會福利和政治緊緊的扣在一起，爭取港人最大的支持。在其他民
主國家，政黨常應允選民，只要他們當選，人民的生活即可改善。所以
彭定康所用的手法，民主國家屢見不鮮。

總結而言，回歸前的社會福利已走上「政治化」的不歸路。這條

道路可能「荊棘處處」，因政策的制定從此不再單純考量福利本身的意義和價值，還必須觸及其中的政治含義，有時甚至要歪曲措施本來的目的。不過，「政治化」後的社會福利，讓市民的期望和要求有機會透過政活動和選舉表達出來，當權者和官員不能再閉門造車，政策與時代脫節或與民眾的意願相違背的時代，也隨香港回歸祖國而有所改善。

回歸前社會政策的成與敗

整體而言，回歸前香港的社會政策，其成功與失敗，可分下列幾點來說明：

成功之處：

（1）制度仿效宗主國英國的傳統和做法，制定政策的過程和規劃程度皆有跡可循，權力和問責關係十分清晰。

（2）行政和立法緊密聯繫，理念一致，制定下來的政策統一及有連貫性。

（3）行政主導下，政府有絕對權力作出決定，不用掛慮民間反對的聲音，行事迅速和有效率。

失敗之處：

（1）殖民地政府因時制宜，缺乏長遠承擔，制定的政策隨時終止或修改。

（2）資源是否足夠限制服務的發展，政府在制定政策時，明顯偏重商界利益。

（3）民意只作參考，對政策的制定只有表面性的作用，難對政策有實質影響。

回歸前的社會政策，可用表 5.1 顯示。

表 5.1　香港回歸前不同階段的社會政策

時期	特徵	制定過程	決定因素
戰爭結束到六十年代中	措施皆短暫、針對個別突發問題。如 1953 年的石硤尾大火，促使政府設立徙置區及災後的緊急救援。	港督會同行政局作出決定，立法局確認政府的決定及負責向市民推介。	發生的問題或市民的需要會否影響社會的穩定 政府資源是否足夠應付
六十年代中到八十年代中	教育、醫療、房屋及福利開始進行長遠規劃；政府認為社會服務有穩定社會的作用，是推動社會發展的支柱和動力。	先由政府官員草擬規劃書，得立法局同意後，以「綠皮書」發表，向市民諮詢意見，修改後成為「白皮書」，作為政府發展服務的藍本。	政府應付服務開支的財政能力 政策能否解決問題及改善市民生活 政策是否得到各界人士的認同和支持
八十年代中到 1997 年回歸	社會政策變得「政治化」：政府必須顧及回歸的事實，服務不能作大幅度的改變，作為未來特區政府改善和發展的基礎。	1991 年立法局引入直選議席，政府制定政策時必須諮詢議員和市民的意見，延續「綠皮書」、「白皮書」、「程序計劃」的做法。	財政能力仍是最主要的考量 1990 年《基本法》頒佈後，政府必須顧及其中條文的規定

第六章

香港回歸後的社會政策
——欠缺願景和方向

- 回歸後的首十年裏，香港經歷金融風暴的蹂躪，特區政府長期陷入財政赤字，福利規劃由擴張變成如何削減和收縮。

- 《基本法》訂明香港居民有依法享用社會福利的權利，但也定下特區政府必須審慎理財、量入為出、開支增幅與經濟增長相若的原則。

- 九七後，香港各項社會服務大致保持依照原有制度，並按照經濟條件和社會需要不斷改善和增加。

- 首任行政長官董建華，冀發展社會服務增加市民的歸屬感，可惜遇上亞洲金融風暴，訂下的計劃無法落實。

- 曾蔭權和梁振英出任特首期內，政治爭議及金融危機嚴重影響政府的發展計劃，社會服務的長遠規劃舉步為艱。

- 「社會資本」、「企業社會責任」、「社區網絡」是近年社會政策的熱門話題，但整體社會福利的未來發展方向，至今仍在探索之中。

回歸後社會服務規劃的轉變

在《基本法》裏，關於教育、醫療、社會福利等社會服務的發展，寫法多是強調必須保持原有制度，並在舊有基礎上，按着當時的經濟環境和社會需要，加以發展和改善。大致上，特區政府對各項社會服務，都可說遵守了《基本法》定下的原則，沒有更改原有制度，且在適當時候增加服務的數量，也沒有進行不必要的改革。當然，一些改革未必受到持分者的歡迎，例如「母語教學」成為主流的教學語言、語文老師必須參加「基準試」、新增「國民教育」課程，及在福利資助方面推行「整筆過撥款」，都在社會上引起極大爭議。不過，大致上，香港整體的社會福利制度並沒有經歷巨大的改變。

各項社會服務雖保持原有制度不變，但有關政策的訂定過程和形式，特區政府採用的，卻明顯與回歸前的情況有分別。首先，過往制定的發展藍圖和採用的規劃程序，好像一下子不見了：這並不是說，特區政府對各項社會服務沒有做任何規劃，只是過往常見的十年發展程序規劃（programme plan），或展示個別服務發展的「白皮書」，回歸後好像都取消了。取而代之的，是行政長官在《施政報告》中宣佈政府的計劃，其中最經典的例子，可舉董建華在第一份《施政報告》中公佈：政府建屋的目標，是每年公營和私營合共興建八萬五千個單位；又如在同一份《施政報告》中，董建華宣佈政府的期望，是六成青年能擁有專上學歷，而政府也以此作為教育政策的目標。其後，曾蔭權接替為行政

長官，他也有相同的做法。例如，曾蔭權在 2009 年的《施政報告》中提出要發展「六大優勢產業」，其中兩項涉及教育和醫療，但在宣佈之前，政府並沒有提出相關建議供討論，也沒有說明政府在事前做了些什麼諮詢和籌備的工作。

其次，在回歸以前，社會服務的規劃，各有關諮詢委員會都有積極的參與和提供意見，其中最為公眾熟悉的，如教育統籌局和社會福利諮詢委員會，它們的成員對教育政策和社會福利政策的制定，都起着關鍵性的作用。回歸以後，這些諮詢委員會並沒有停止運作，但重要性明顯大不如前，在公眾眼裏，這些委員會已是名存實亡。

同樣，過往一些非政府組織，它們對各項社會服務政策的制定，也常扮演重要的角色，最佳的例子是香港社會服務聯會，自上世紀七十年代開始，即成為政府的伙伴，共同策劃福利服務的發展；又如醫療服務的發展，與醫療有關的專業團體，如香港醫學會，過去是重要的持分者，在回歸後，這些非政府機構和專業團體，扮演的角色和發揮的作用不斷下降。最後，規劃要周詳，各有關項目必須互相扣連，這樣規劃才能達到預期的目標。回歸後，政府在制定政策時，令人感覺是各部門各自為政，互不關連。

上一章提到，當麥理浩任港督時，他以教育、房屋、醫療和社會福利為支撐社會的「四大支柱」，所以各項服務的發展，彼此是互相配合的，更且與香港的經濟和新市鎮發展連結在一起。又如六七十年代間，政府發展觀塘、荃灣、屯門和沙田等新市鎮，不但計算人口遷移後的就業和交通需要，更同時預計居民的組成階層和特色，從而規劃相關的教

育、醫療和福利等服務，以滿足居民生活的要求。到了特區政府年代，規劃是有的，但明顯欠缺周詳，也缺乏整體性的思維，很多時更是「議而不決、決而不行」。例如，特區政府成立後，翌年曾發表人口政策督導小組報告，也曾於 2005 年成立可持續發展委員會，並發表諮詢文件收集公眾意見；但這些報告和諮詢，看來並沒有實質成效，有時更且不了了之。市民看到的是，政府好像散沙一盤，個別部門也經常提出一些改善（常用的詞句是「優化」）服務的辦法，但整體要達到什麼目的，有時特首自己也説不清楚。情況為什麼會這樣？

上一章提到，在殖民地時代，政府的既定政策是，只能在經濟發展的情況下，各項社會服務才有發展的空間。因此，在發表相關的白皮書時，政府總在結尾時加上一段，説明只有在財政容許的情況下，發展計劃才可按原定時間表逐步落實；若政府税收一旦下滑，財政出現赤字，原先的計劃只得暫緩實行，甚至把計劃束之高閣。這樣的理財哲學，在上世紀七十年代任職財政司的夏鼎基，曾多次在財政預算中詳細闡述。事實上，港督麥理浩於 1972 年宣佈的「十年房屋發展計劃」，到了七十年代中，即因當時爆發的石油危機及其後出現的經濟不景氣，最終也未能如期實行。

政府的理財哲學，到了訂定《基本法》的時候，大致上寫入了有關條文：如特區政府必須「審慎理財」、「量入為出」、「避免長期出現赤字」，保持「低税率」和「簡單税制」。換言之，特區政府仍然沿用殖民地時代的理財準則，不會採用經濟學者凱恩斯以公共開支來刺激經濟復甦的主張，以免政府負上沉重的財政負擔。《基本法》訂定下來的一

切，不但確保特區政府不會長期出現赤字，也可讓政府累積盈餘，以豐厚的儲備應付不時之需。

回歸後第一年，即 1998 年，特區政府的財政收支開始出現入不敷支，而赤字維持了六年，到「沙士」爆發翌年才略有盈餘；在這六年裏，香港也出現了前所未有的連續性通縮，社會對商品的需求持續下降。就是在這情況下，特區政府把各項拓展計劃都停頓下去：減少公屋的興建數量、停建和停售「居者有其屋」，教育和醫療出現「瘦身」行動，連保障貧窮市民基本生活的綜援，也因通縮而被削減。特區政府為了減少財政赤字，方法可說層出不窮，又怎有心情籌劃各項社會服務的發展？1998 年開始的十年裏，是香港社會服務發展規劃的「真空期」，期內不但鮮見政府推出任何重要的社會服務發展藍圖，就是有建議的，如醫療融資方案，也看不到政府有決心去推行。

其次，社會服務的規劃除涉及公共資源的運用外，還受到當時政治氛圍的影響。以上提到，回歸前，各項社會服務的諮詢委員會扮演極其重要的角色，但自 1991 年立法局引入直選議席以來，立法局議員和相關政黨對政策制定的影響力，顯然慢慢凌駕在諮詢委員會之上。回歸後，政黨政治轉趨熾烈，而立法會內部也設立各類政策委員會，檢討相關政策的成效和發展。例如，立法會屬下的福利委員會，議員不但提出質詢，也對政府提出的建議作出反應，並得到傳媒的廣泛報道；相反，社會福利諮詢委員會開會時有什麼意見，公眾並不關注。

立法會議員對社會問題的重視，常迫使政府提出相關的解決辦法。不過，立法會議員和政黨的關注常是針對性的，很少涉及長遠規

劃。例如，到 2004 年，香港經濟經歷連續性衰退，貧窮問題不斷惡化，於是議員和政黨促請政府成立扶貧委員會，以濟燃眉之急。當時特首董建華也回應要求，於 2005 年成立扶貧委員會，並於兩年後提出報告，建議政府推行一連串扶貧措施。這些扶貧措施雖可即時落實執行，如設立邊遠地區交通津貼，但對於長遠的福利發展，卻沒有實質幫助。政府為了推行這些短期性措施，也再沒有時間和精力去作長遠規劃。結果，特區政府在各項社會服務上，好像推行了不少改善措施，但整體而言，二十年過去了，各項社會服務難有什麼突破，在市民眼裏，服務多是原地踏步。

最後要提的，是回歸後的政務司司長，再沒有回歸前布政司的權力，可以統籌政策制定及協調各項服務的發展，尤在 2002 年推行政治任命及政策官員問責制後，不同政策局好像只做自己範圍內的事，對於香港的整體發展，看不到哪位官員負上統籌的任務，有時只能依憑特首在《施政報告》中的陳述，才知香港的發展方向。

總括而言，香港在回歸以後欠缺規劃，形成各項社會服務都有停滯不前的感覺，並非是單一因素造成的。長時期的經濟衰退、政府財政連年出現赤字、管治模式的轉變，都是在回歸時無法預測的。這樣，回歸後的社會政策，是否「五十年不變」？

《基本法》下的社會福利

　　第四章談到新馬克斯主義在香港沒有市場，但另一形式的社會主義，卻是香港市民自回歸後所不能忽略的，那就是中國自 1949 年以來實行的社會主義制度。自上世紀九十年代末香港前途問題提出來討論後，香港市民擔心中國現行的社會主義制度會否加諸於回歸後的香港身上？市民這種憂慮並非全無道理，畢竟香港實行的是資本主義制度，如果香港要改轅易轍，推行另一形式的社會制度，不但香港市民不習慣，連香港成為特別行政區的理由也會受到質疑：香港為什麼不乾脆成為中國其中的一個大城市，就如上海、天津一樣？

　　到現在，再沒有人質疑香港要保持資本主義制度，好像自然不過。另一邊，中國自八十年中以後推出「有中國特色的社會主義」，資源雖主要操控在國家手上，即一般稱的「計劃經濟」（planned economy），但實際運作卻大量引入市場機制，包括設立股份制，容許私營企業的存在等。這樣，中國實行的社會主義制度和香港推行的資本主義制度，經過回歸後二十年的轉變，到了今天，又是否有很大的分別？　1984 年，當中英兩國就香港前途簽署《中英聯合聲明》的時候，又有誰能猜測到三四十年後出現的變化？

　　《中英聯合聲明》簽署後，隨即要制定的，是在 1997 年以後作為香港特別行政區管治依據的《基本法》。《中華人民共和國香港特別行政區基本法》是於 1990 年 4 月 4 日經中國人民代表大會通過的，《基本

法》序言中説明：「國家決定，在對香港恢復行使主權時，根據中華人民共和國憲法第三十一條的規定，設立香港特別行政區，並按照『一個國家、兩種制度』的方針，不在香港實行社會主義的制度和政策。」

《基本法》既是這樣説，所以香港保持原有的資本主義制度，應是回歸後五十年不變。《基本法》第五條：「香港特別行政區不實行社會主義制度和政策，保持原有的資本主義制度和生活方式，五十年不變。」有了五十年不變的承諾，《基本法》對香港居民的權利和義務，特別是一般市民了解的社會服務，又有什麼説明？

《基本法》第三十六條：「香港居民有依法享受社會福利的權利。勞工的福利待遇和退休保障受法律保護。」這裏指的社會福利，範圍不限於社會福利署提供和資助的福利服務，而是指各項促進市民福祉的政策，包括教育、醫療、房屋等。至於「依法」的意思，因香港實行普通法，所以不單有法例規定的社會服務，市民才有權享用，只要是政府透過行政措施為市民提供的，市民就有權使用。《基本法》第三十六條也包括勞工福利和退休保障，因這兩項涉及勞資雙方的利益，並不單指市民與政府的關係，所以必須有法例訂明，而市民在這方面的權益依隨法例而得到保護。

《基本法》第三十九條説：「《公民權利和政治權利國際公約》、《經濟、社會與文化權利的國際公約》和《國際勞工公約》適用於香港的有關規定繼續有效，並通過香港特別行政區的法律予以實施。」這三項公約所以包括在《基本法》之內，因在英國管治香港的時候，已簽署落實這些公約的條欵，香港特別行政區成立後也須延續下去。這三條公約

的內容，其中不少涉及市民的福祉，但怎樣在香港落實？什麼時候才適當？這些都留待特區政府來決定。

　　個別服務方面，《基本法》中還有條文作出規定，如第一百四十五條：「香港特別行政區政府在原有社會福利制度的基礎上，根據經濟條件和社會需要，自行制定其發展、改進的政策。」換言之，特區政府在保持原有制度之餘，只要有社會需要，經濟情況也許可，是可以自行制定政策、改善原有制度。不過，在發展原有制度之時，特區政府採取的是哪種方針？所持的又是怎樣的理念？《基本法》沒有規定，看來還是由特區政府與市民取得共識後才作決定。

　　《基本法》第一百四十六條還有這樣的規定：「香港特別行政區從事社會服務的志願團體在不抵觸法律的情況下可自行決定其服務方式。」相關的條文還有第一百四十四條：「香港特別行政區保持原在香港實行的對教育、醫療衛生、文化、藝術、康樂、體育、社會福利、社會工作方面的民間團體機構的資助政策。原在香港各資助機構任職的人員均可根據原有制度繼續受聘。」志願團體即今天的非政府機構（non-governmental organization），「非政府機構」一詞是 1991 年發表的社會福利白皮書引入的。

　　《基本法》中有以上兩項條文，原因是在香港各項社會服務的發展過程中，非政府機構扮演了極重要的角色，政府對這些機構也建立了獨特的資助制度，這些都必須保持下去，也罕有地寫在《基本法》內。但這樣寫下來，顯示特區政府不會仿效內地的習慣，香港的民間組織不會完全接受政府控制，服務方式也可自行決定。總言之，在保持原有資本

主義制度及五十年不變的原則下，香港的社會服務可在原有的基礎繼續運作和發展，而提供社會服務的非政府組織也可繼續得到政府的資助，自行決定本身的服務方式。當然，這樣的規定看來給予非政府機構很大的自由，但《基本法》還有其他條文規範政府的財政，間接的影響社會服務的發展，這方面在以後有詳細討論。

金融危機對社會福利的影響

回歸以後，香港特區政府大致上緊隨《基本法》的規定，保持各項社會服務原有的制度基本不變，並在財政容許的情況下增加服務的數量。回歸後的二十年裏，政府發表的關於社會服務發展的決策文件寥寥可數，只在個別項目上引入一些新措施，如幼稚園學券制、長者醫療券，社會保障加入長者生活津貼，勞工福利有最低工資、鼓勵就業交通津貼、低收入在職家庭生活補貼等。另外，幾位特首發表的《施政報告》，較少闡述政府對社會服務發展的理念，較多做的是鋪陳服務增加的目標和數量；因此，單從《施政報告》和其他相關文件看來，唯一結論是特區政府所持的仍是回歸前的想法，即在財政充裕的情況下，政府可多做一些促進民生福利的工作，但財政一旦變得緊絀，政府唯有削減開支，以符合《基本法》的規定，即政府在財政上應取得收支平衡。

國際層面方面，社會福利思潮在過去二十年沒有出現很大的變化。

英國工黨於 1997 年從保守黨手上重奪執政權後，工黨走的是「第三條道路」（The Third Way），意即不會如工黨於六七十年代執政時這樣激進，「國有化」國內的重要產業，但也不會如保守黨戴卓爾夫人執政時以市場為解決問題的靈丹妙藥。「第三條道路」的取向，其實不但在英國出現，在傳統的「福利國家」裏，如瑞典、丹麥，也出現類似的情況，即國家制度仍強調社會資源的平均分配，但實際推行上，容許個人有更大的自由和選擇的機會。

世界社會福利觀念自上世紀九十年代中以後變化不大，但期內環球金融系統出現巨大變化，帶來的動盪不但嚴重影響世界各國的經濟和金融體系，更對個別國家的財政造成難以估計的損害。因國家的財政實質上決定了社會福利的發展及人民得到的保障，所以金融危機產生的衝擊是多方面的。香港第一次受到衝擊是在回歸以後，即 1997 年底出現的亞洲金融風暴。這次風暴對香港影響至深至巨，第一任特首董建華原先要做的，如「八萬五」的建屋計劃，也一下子化為泡影，香港也於 1998 年開始，連續六年經歷財政赤字和通縮。

第二次金融危機是於 2008 年發生，即一般稱的「金融海嘯」。這次金融危機好像對香港打擊不人，但危機顯示國際金融系統的脆弱，及其中包括的欺詐，令全球經濟處於混亂之中。多國政府也必須面對龐大的債務問題，而過去推行的社會福利制度，也在這次金融危機中受到影響，削減之聲此起彼落。到目前為止，金融危機對社會福利的影響，可分以下三方面來分析：

第一，無論是亞洲金融風暴或是金融海嘯，世界銀行和國際貨幣基

金等世界金融組織發現，問題的癥結還是有關國家和地區都未能嚴守財政紀律，以至借貸過度，資不抵債，結果國庫空虛，國家財政瀕臨崩潰邊緣。為什麼出現這種現象？複雜的現象不會有簡單的解釋，但不少論者認為，成因之一是國家的支出龐大，特別是過往採用「福利國家」制度的西歐諸國，福利開支尾大不掉，現在要來削減，也必然遭到國民的激烈反對，但若不削減，國家財政無法回復收支平衡。因此，金融危機是無法完全平息的，而只要風暴仍然存在，也必然對以後的福利發展產生負面影響。

無論如何，現在世界各國在訂定未來的福利政策時，也必然採取極之慎審的態度。當然，對財政儲蓄仍然十分豐厚的國家和地區來説，如中國、新加坡、香港等，收支不平衡的現象仍未構成威脅，但為着避免未來人口老化時，福利支出會急劇上升，所以除非計劃可以長久的持續下去，政府不敢貿然作出承諾。總言之，過往由政府「從搖籃到墳墓」承擔國民需要的觀念，已一去不復返。

第二，從多次金融危機中，人們清楚看到，社會裏的資源分配極不平均，也就是關注團體講的：「1 對 99」，意即 99% 的財富掌握在小撮富人手裏，而平民老百姓可以享用的，只是餘下的 1%。財富分佈是否這樣不平均？當然，實情未必如此極端，若真的是這樣，看來世界很多地方都會出現動亂。但金融海嘯所顯示的，是少數人擁有的確實太多，而大多數工作人口只能賺取微薄的薪金，與他們付出的十分不相稱。

過往，人們相信，前幾章也有交代，社會福利對資本主義制度可產生「潤滑油」的作用，使資本主義強調的市場和個人利益不至走向極

端，資本主義也變得「人性化」一點。現在金融危機顯示的，是否意味社會福利已失去「潤滑油」的作用？其次，財富這樣高度集中，社會福利可以產生的財富再分配的作用受到質疑。人們對社會福利的效用一旦產生疑惑，就必然想到應否採用激烈的方法來改變現狀的訴求？於是，「佔領華爾街行動」出現了，香港亦有類似的佔領行動。

這些行動看似激烈，顯示一些人不再相信社會福利可縮窄貧富差距，也不相信溫和的改革手段可使社會變得公平。

第三，金融危機帶來的另一啟示，是人們對儲蓄性的保險計劃提出疑問。「雷曼事件」是全球性的，受損的並不限於香港的投資者。雷曼兄弟是過百年的投資銀行，如此歷史長久的金融機構可以倒閉，人們若把一生的儲蓄放在這些金融機構裏，怎可令人感到安心？

這裏不是要討論「雷曼事件」，但世界金融體制不健康，特別是各國貨幣的價值大起大落，對重視儲蓄和投資來保障自身利益的中產，無疑構成莫大的威脅。在「福利國家」制度盛行的時代，人們相信國家會負起保障和滿足國民需要的責任，但自「福利國家」制度崩潰後，人們只能透過自我儲蓄和參與保險計劃來應付生、老、病、死的需要，現在面對金融動盪，怎不令人對自己的未來感到困擾？

總括而言，社會福利思潮是不斷轉變的，昔日認為是最好的福利制度，如「福利國家」制度，過了一段時間，便被人認為有礙個人的自由和選擇，於是集體性的社會福利措施被個人化的福利服務所取代。但金融危機使人們重新發現，社會是這樣割裂，財富是如此分配不平均，而人們賴以保障自身利益的金融制度又如此不穩定，這樣，未來的社會福

利可朝哪方向走？

從「福利市場化」和「社區網絡」看社會福利

　　回歸後的二十年裏，香港特區政府對各項社會服務發表的諮詢文件寥寥可數，所以也難評論政府在福利觀念上有什麼改變，但亦有兩三個詞句提了出來，必須在這裏交代，包括「福利市場化」、「企業社會責任」、「社區網絡」、「社會企業」等。

　　八十年代以後，新保守主義興起，英國和西歐一些國家據此進行改革，其中最令人注目的，是一般稱的「福利市場化」。「福利市場化」一詞本身有矛盾：福利指的是透過集體措施以改善人民生活，而市場的功能是透過交易以滿足買賣雙方的要求。兩者就算不是對立，也難融合在一起。「福利市場化」也有稱為「福利私營化」（privatization），也就是說，福利措施不再全由政府承擔財政和推行的責任，也會透過市場機制來進行分配和調節。對於福利全由政府承擔和經營，「福利國家」制度盛行時，已引來不少批評，如政府機構架牀疊屋、經營成本高昂、行政程序繁瑣等。而最令人詬病的，是公營服務得益最大的，常常是負責提供服務的公務員，而並非那些最有需要的受助者。當然，這些批評並不中肯，也常只是單憑直覺，認為公營福利服務一無是處；況且，批評者常是一些高舉「市場萬能」的學者，好像只要一切交由市場來進行分

配，猶如教育方面的學券制，問題便可迎刃而解。事情當然不會如此簡單，但在新保守主義思潮的影響下，福利制度也出現了一些變化。以香港為例，「整筆過撥款」就是在這種情況下產生的。

香港各項社會服務有一獨特的地方，就是提供服務的機構並非全是政府部門，而是容讓非政府機構扮演重要的角色，其中尤以福利服務為甚。在八十年代以前，政府採取「酌情」的方式來資助福利機構。所謂「酌情」（discretionary），即政府沒有既定的方法，金額多少主要視乎政府的財政狀況。1981 年開始，政府以單位成本的方法來確定金額的數目，主要是根據政府的編制和相關的薪酬待遇等。到 2001 年，政府改用「整筆過撥款」（lump sum）的資助方式，計算的準則是有的，但非政府機構收到這筆資助，卻有極大的彈性來提供服務，自行決定員工的編制和薪酬，不像從前，一切都得依循政府的規定。

「整筆過撥款」孰優孰劣，另一章有詳細解釋。這種給予非政府機構較大靈活性運用資源的做法，明顯受到新保守主義福利思潮的影響，認為非政府機構只要能夠達到接受資助時許下的承諾，它們可以使用任何方式，甚至是市場供求機制來達到目的。現實情況裏，非政府機構不可能如市場一樣來進行交易，但在決定資源的運用方面，非政府機構既擁有更多權力，「福利市場化」成為非政府機構拓展「自負盈虧」服務的藉口，甚至以牟利為目的。其他社會服務的資助方式雖沒有改變，但市場化的趨勢亦十分明顯，例如「直資學校」、公立醫院的私家病牀、取消興建居屋，都是在「福利市場化」觀念大行其道時推出來。

至於「社區網絡」或「社區資本」，1991 年發表的社會福利白皮書

有以下的看法：「事實上，很多有需要的人透過由家人、朋友及鄰居組成的網絡，都得到照顧和支持。……這個網絡以及由社會福利機構提供的服務，都是為了幫助人們達致及維持獨立自主的生活方式。」「社區網絡是中國文化與傳統的一部分，這傳統一直存於香港。本港家庭在為其成員提供照顧和福利方面仍然擔當主要角色，而同鄉會、鄰舍組織及義工亦在這方面作出貢獻，清楚顯示社會網絡的作用。近年來，社會工作者及社區組織人士設立了支援小組及自助組織，較有系統和意識地推廣社會網絡的概念。」白皮書還補充說：「推展這個概念，並不意味着政府在提供服務方面減輕其所負的責任，只不過是在現在及未來的服務制度上發展出一種路向，讓接受服務的人有更多選擇機會，並鼓勵他們踏上自主之途。」

　　什麼是「社區網絡」？　1991 年發表的《社會福利白皮書》只觸及一些原則，即除福利服務外，很多有需要的人常從他們的家人、朋友及鄰居組成的網絡，得到照顧和支持。白皮書又提到香港五六十年代盛極一時的同鄉會，以及近年興起的支援小組和自助組織。這樣看來，「社區網絡」的範圍十分廣泛，家庭差不多是每個人都擁有，朋友和鄰舍也是。那麼，是否有了家人、朋友和鄰舍，便可發揮「社區網絡」的作用？

　　「社區網絡」的概念不單在香港興起，七十年代以後，西方一些福利學者也提出類似觀念，如「社區資本」；而「社區網絡」與安老政策講的「社區照顧」是分不開的，沒有「社區網絡」，「社區照顧」只會是紙上談兵。政府也意識到，有需要協助的人不能單單倚靠政府，他們

的家人、朋友和鄰舍，也應伸出援手，這就是「社區網絡」的意義。

　　當然，需要援助的人有不同需要，而「社區網絡」的作用也不盡相同。例如，子女的教育，學校承擔培訓的責任，但父母也應留意子女的行為和品德，不能完全倚賴老師。醫療服務方面，政府設立的醫療系統，主責是治理病人，但病人治療後的康復，家人可以出一分力。其他生活需要，即使政府設有不同服務滿足市民的需要，但親友和鄰舍的協助十分重要。例如，夫婦關係出現問題，專業婚姻輔導可促進夫婦之間的溝通及提供解決辦法，但親友的體諒和接納不可缺少。又如患有相同疾病的病人，彼此鼓勵和互助可減輕痛苦及加快康復療程。可見，有需要的市民能否恢復正常生活或走上復康之路，有否有家人、親友，和鄰舍的協助，至為重要。但「社區網絡」是否存在和能否發揮作用，並不單純倚靠受助者本身的努力，還需要地區性組織平日的連繫，建立今天一般稱的「社區資本」。

　　「社區網絡」的建立，是基於人與人之間的關懷和愛護。從福利觀念的角度看，「社區網絡」可說保留了人類社會善良的一面。權利的概念使社會服務建立明確的目標和基礎，使接受服務的人知道自己的權利和義務，提供服務的從業員也可知道自己的界限和責任。相比之下，「社區網絡」沒有清晰的權力界限，但優勝之處，是「社區網絡」讓人在利益之外，還可保留一點溫情和犧牲的精神。

　　從「社區網絡」，也應提到回歸後，特區政府所提兩個相關的概念，即「第三部門」和「社會企業」。

　　「第三部門」是董建華當特首時提出來的，指的是在公營部門和市

場經濟之外，政府可鼓勵一些並非隸屬政府也非以牟利為目的「第三部門」企業。這些企業類似過往的志願組織或非政府機構，不同之處是它們並不接受政府的資助，但也不是單單為了賺錢，營運的目的是要推動社會「助人自助」的力量，滿足社會上不同類別人士的需要。「第三部門」的概念太模糊了，並沒有得到市民積極的回應。到了曾蔭權出任特首的年代，取而代之的是「社會企業」，並強調私人企業也應負上社會責任；同時，政府成立「社區共融基金」和「商界顯關懷配對基金」，目的是協助更多社會企業得以成立。社會企業的成敗，有另一章檢討，但「社會企業」至今仍未能在市民大眾中建立清晰的形象，亦可見在社會福利發展路途上，特區政府實在欠缺願景和方向。

特區政府社會政策的成與敗

　　整體而言，特區政府的社會政策，其成功與失敗可說明如下：

成功之處：

　　（1）盡量保持原有制度，並按照經濟條件和社會需要，加以改善及增加。

　　（2）設立官員問責制，政策的制定和服務的推行，負責的問責官員

必須向市民大眾交代。

（3）代議政制的發展，及行政必須向立法交代的規定，令市民的聲音得以表達。

失敗之處：

（1）改變殖民地的做法，卻未能建立新的制度，令政策的制定顯得雜亂無章，也無法提出新思維。

（2）經濟先行的原則不變，加上偏重商界利益，令社會政策受到諸多掣肘，缺欠方向和連貫性。

（3）政策的制定常因政治爭拗，不但無法與市民達成共識，且令服務停滯不前，增加市民的怨憤。

第七章

社會福利與公民社會
——人民集體的聲音和力量

- 歷史顯示，社會福利的發展，無可避免地與民主政制和公民社會的發展拉上關係。

- 區議會和立法會民選議席的設立，社會服務從業員，尤其是教師和社會工作者，從此多了參與政策制定的機會，民生福利議題成為各級選舉的討論焦點。

- 民主步伐提高了市民的公民意識，市民從而有表達意見的渠道，開闢了集體社會福利措施領域之餘，也催生了政黨的成立。

- 公民社會讓人民有更大的話事權，政策的制定不再單向地從上而下，民眾的參與和自發性成為不可逆轉的潮流。

- 特別行政區成立後，市民的關注，從較切身的民生措施，延至一些涉及全體市民福祉的事項，例如環境保育。而公民社會最終追求的，是一個充滿關懷和公義的文明社會。

異軍突起的政治力量

　　上世紀八十年代前，社會服務的政策制定基本上是非政治化的（apolitical），但隨着代議政制的建立，社會政策變得愈來愈「政治化」。這不單限於民生議題，連與社會福利沒有直接關係的，如新界東北發展，今天都可變成政治事件，市民藉此表達對政府施政的不滿。在討論社會福利與公民社會的關係之先，必須一提的是，社會福利其實很早便與議會政治拉上關係：六十年代開始，一些傑出的醫療、教育的工作人員，開始被委任為立法局議員，而社會工作者進入立法局，已是七十年代的事。當時政府這樣做，並不是要鼓勵市民參與政策的制定，也不是為了採納專業人士的意見，而是如外間形容的，只是為政府的施政添上一點民主的色彩，免得被批評，立法局議員全是商家和社會上的名門望族。

　　到了八十年代，政府相繼在區議會和立法局引入直選和間接選舉議席，及於 1991 年開始立法局地區直選，社會服務從業員，包括醫護人員、工會領袖、教師和社會工作者等，才有機會躍起成為一股不可忽視的政治力量。什麼原因促成轉變？他們的崛起代表了什麼？對社會服務政策的制定有什麼影響？對於香港日後的政制發展，社會服務從業員起了什麼作用？對公民社會的建立，他們有什麼貢獻？以上問題，涉及的範圍十分廣泛，這裏集中討論社會福利與政治的關係，及兩者如何互相牽動。其次要討論的，是社會服務從業員如何透過政治活動，推動民生

福利政策的改變，最後又怎樣促成公民社會的建立。

　　先來看社會服務從業員，特別是教師和社會工作者，如何在政壇上走上不歸之路。俗語說：「時勢造英雄」，教師和社會工作者走進政治舞臺，正符合這句說話。1981 年，政府發表《地方行政改革》白皮書。政府提出改革地方行政，表面理由是希望提高地區行政效率，但中英政府正就香港前途進行談判，明眼人都知道，區議會所以在這時成立，是政府希望透過區議會，爭取市民和輿論站在政府的一邊。區議會其實沒有什麼實際的權力，但任何影響市民福祉的事情，區議會都可提出來討論，造成區議會在政治層面上仍有一定影響力，其影響力甚至在當時仍然存在的市政局之上。市政局因有實際的職權範圍，如果用太多時間討論職權範圍以外的事，便顯得不稱職，區議會卻可「天馬行空」，在議程中什麼事情都可提出來討論。

　　區議員要產生輿論壓力，便必須有代表性，所以從 1983 年開始，區議會議員中有三分之一是民選的，後來增加至三分之二，回歸前一度全由普選產生，後來仍加入少許委任議員，今天也取消了。香港其實早有選舉，市政局在戰後即有民選議員，但選舉差不多是不公開的，有資格投票的是少數教育程度較高的市民，到區議會增加民選議席後，兩個市政局的選舉也開放了，差不多全部成年人都有投票資格。不過，全民形式的投票選舉，香港一百五十多年的殖民地歷史裏，到了二十世紀八十年代才首次出現。政府設立區議會的時候，沒有人想到，選出來的區議員會是什麼人？初期民選區議員中，商人和行政人員佔相當高的比例，他們是地區的傳統領袖，當選是意料中事，但藉藉無名的教師和社

會工作者，當選卻令人感到意外。教師和社會工作者為什麼可以脫穎而出？原因有以下兩個。

第一，傳統上，不同地區都有自己的領袖或知名人士，但這些領袖所以為街坊認識，不外乎他們捐錢贊助地區活動，與區內居民的關係其實十分薄弱，一些甚至並不住在區內。當選的教師和社會工作者，多在選區中工作，他們日常接觸的，正是住在區內的市民和他們的子女，所以透過工作，他們不但對區內的情況瞭如指掌，也與區內其他教師和社會工作者有緊密連繫；他們一旦參選，便可得到一呼百應的效果。而且，區議會選舉的勝出者，所需票數只是數百至數千票，只要在區內稍有知名度的教師或社會工作者，他們要當選區議員並不困難。

第二，自九年免費教育於 1978 年開始實施後，一般市民的教育水平提高了，他們對政治領袖的觀念也出現了改變。過去，政治領袖是有錢有地位的人，學識不太重要，但現在剛好相反，學識水平受到重視，是否有錢並不重要。以學識和專業地位而言，醫生、律師和工程師等，他們可以得到更多選民的支持，但醫生和律師因參選而必須付出的「機會成本」較高，形成有興趣投身政治的不多，教師和社會工作者因而在普選中佔盡優勢。

教師和社會工作者當選為區議會或兩個市政局議員，對社會服務的發展有什麼影響？在 1997 年回歸以前，影響並不顯著。香港各項社會服務政策基本上由中央層面的政府決定，前面第五和第六章已有解釋。各項社會服務雖設有諮詢委員會或統籌委員會，但委員會的成員主要來自該服務的專業人士和其他行業的代表，區議員參與這些委員會的數目

並不多，一般只佔委員會的一兩席。除政策由政府總部的官員決定外，落實推行政策的政府部門只有執行的權力，無法改變既定的政策。例如，多少人口才設有一間長者中心，區議會對這個決定無法更改；如果區內已有足夠青年或老年人口，政府仍未設有相應服務和措施，區議員可提意見，要求相關政府部門的代表提交資料及跟進，但服務是否有落實的機會，最終還是由部門按照程序來做事。

總括而言，區議員對社會服務的發展，影響力十分有限，有時幫不了忙，反過來成為服務發展的障礙。過往有不少例子，對區內設立醫療和福利設施，如精神康復者宿舍、護理安老院等，區議員常提出反對，認為設施會影響居民的日常生活。居民的反對很多時並不理性，但區議員為了爭取選票，非但沒有加以勸阻，且多站在居民的一邊提出異議，使到相關服務興建無期。

1985 年開始，立法局設立間接選舉議席，由功能團體和選舉團選出立法局議員，而功能團體中，與社會服務有關係的，包括醫生、護理人員、教師、福利和勞工組織。除民選議員外，立法局委任議員中，亦有不少是教師、醫生和社會工作者，單是 1985 年那一屆，合起來超過十人，約為立法局全部議員的五分一。相對於數目眾多的區議員，立法局議員人數雖少，但影響力不可同日而語。總結回歸前的情況，可見社會服務從業員參與議會政治，在八十年代開始突然飛躍起來，他們佔有的優勢，源於工作讓他們與民眾有頻密的接觸。回歸以後，激進的社會活動家及傳媒工作者，透過他們與大眾的互動關係，不斷提高他們的知名度，又因立法會的比例代表制的選舉形式，常使他們在立法會中取得

議席。因此，只要政制持繼開放，那些與民眾經常有聯繫又熱心投身政治的市民，他們當選區議員或立法會議員的機會便較高，其中不少來自中下階層，又較傾向改善基層市民福祉，他們對社會服務政策的制定，常常發揮積極和正面的作用。

這樣，立法會議員可對政策的制定發揮怎樣的影響力？第一，立法會議員都是財務委員會成員，他們雖沒有權力要求政府特別為社會服務多撥款，但他們可以約束政府財政方面的支出，及在會議上對政府訂定的政策和撥款，提出意見和批評。第二，功能組別選出來的立法會議員，一般都會被委任成為有關服務諮詢或策劃委員會的成員，包括房屋委員會及交通諮詢委員會等，以便提供意見及參與政策的制定。透過這些委員會，不同社會服務界的立法會議員，不但可以影響政策的制定，還可代表所屬界別的工作人員向政府提供意見。第三，立法會亦常就市民關注的事情，成立恆常性的關注小組，如福利委員會等，議員可透過參與這些小組的工作，向政府提交改善服務的建議。因此，多了與民眾有緊密接觸的人士成為議員，社會服務政策的制定，便與政制開放前大不同了。

《基本法》與社會福利的發展

第六章介紹了《基本法》與社會服務的關係。1997年香港特別行

政區政府成立後,《基本法》成為香港政治、經濟和社會制度的法理依據。《基本法》在論及居民的權利時,對他們如何享用社會服務有清楚列明:《基本法》所載有關社會服務的條文,大致上保持原有制度,並在適當的條件下,特區政府可加以改進。《基本法》給與香港居民享用社會福利的權利,但依法享用社會福利指的是什麼?《基本法》沒有清楚說明。在現行制度中,香港居民可申請入住公共房屋,有病時到公營醫院求診,送他們的子女入學讀書,經濟有困難時申請綜合援助等,但沒有法例訂明這些都屬於市民的權利,只看作是政府的行政措施,在必要時,政府是可以更改的。例如,政府於 2002 年停建及停售「居者有其屋」,政府不需要更改法例,市民從此被「停止」享用「居屋」。市民享用社會福利的權利,一般市民並不理解,他們關心的是:政府提供的社會服務是否足夠,自己有需要時可否及時取得所需服務。

香港市民對權利的認識十分混淆,但不表示《基本法》所載居民的權利不重要。如果《基本法》沒有訂明香港居民應享的權利,居民對政府更難提出自己對服務的要求,政府也不須向居民交代。因此,《基本法》對居民權利的說法,重要性實在毋庸置疑。當《基本法》草擬的工作開始時,香港市民都寄予厚望,希望一部完整的法律憲制文件可以實現「一國兩制」的理想,更可為香港的政治、經濟和社會制度的發展,及如何向前跨進一大步,能夠繪出一幅清晰的藍圖,擺脫過往殖民統治時代的限制,讓香港居民真的當家作主,不再視香港這地方是「借來的地方、借來的時間」。香港市民對「一國兩制」的期望,也促成了他們對公共事務的興趣和參與,尤其在一些與市民大眾息息相關的民生議題

上，市民的態度不再冷漠，而是積極的組成「關注團體」，為公民社會奠定穩固的基礎。

香港特別行政區政府成立已有二十年的時間，也就是說，《基本法》也同樣地實行了二十年。《基本法》對社會政策的制定有什麼影響？市民享受社會福利的權利有什麼進展？這方面，可按照《基本法》關於社會福利的條文來分析。《基本法》第一百四十五條：「香港特別行政區政府可在原有社會福利的基礎上，根據經濟條件和社會需要，自行制定其發展、改進的政策。」這樣，過去二十年，香港的經濟條件有什麼變化？社會的需要又與回歸前有什麼不同的地方？

先看經濟的表現。香港自回歸後經歷的經濟起跌異常厲害。香港特別行政區成立後，即時遇上亞洲金融風暴：政府從 1998 年至 2004 年期內，經歷長達六年的財政赤字，並遭受通縮的打擊，使香港經濟一沉不起，市面猶如一潭死水。2003 年「沙士」過後，憑着中央政府一連串挽救措施，香港的經濟發展轉頭向上，政府財政也轉虧為盈，直至 2008 年，金融海嘯出現，歐美經濟發達國家因債務問題相繼湧現金融危機，香港的經濟從此時起時落，進入長期不穩定的局面。

這樣的經濟表現對政府制定社會政策有什麼影響？簡單來說，當政府面對這麼多不穩定的經濟狀況時，政府明顯不願意在社會服務發展方面作出長遠規劃。無論誰當行政長官或財政司司長，常常掛在他們口邊的，是世界經濟如此動盪，香港又是一個外向型經濟的社會，所以政府必須審慎理財，尤其是一些增加政府長遠財務承擔的項目，政府必須三思而後行。這樣的態度，致使回歸以後，教育、醫療、房屋和福利服

務，政府並沒有提出任何一份重要的決策文件，有的只是一些改進服務的行政措施。就是當政府有龐大盈餘時，政府做的也只是向不同階層市民提供一次過的經濟援助，政府稱之為「紓困」措施，民間形容為「派糖」。這些一次過的惠民措施，市民普遍表示歡迎，但對各項社會服務的長遠發展並沒有幫助。

這樣，回歸以後的社會服務是否只是原地踏步？也不可以這樣說。除了公共房屋建設外，其他社會服務在數量上都有增加，政府在財政上也增加了支出，尤其為長者而設的社會保障，及為低收入家庭做的扶貧工作；也就是說，隨着社會需要的增加，政府無法避免增加社會服務的撥款，但這並非長遠的規劃，只是當社會環境出現轉變及市民的需要增加時，政府必須作出的回應。舉個例子，回歸以來的二十年，政府在社會保障和福利服務方面增加了差不多兩倍，增幅非常顯著。不過，福利服務的支出所以倍增，主要是由於人口老化，長者綜援、長者生活津貼和高齡津貼的支出都穩步上升；加上回歸以後，貧富懸殊加劇，在職貧窮、單親家庭及新移民家庭等，不少都極需綜援和其他福利服務的協助。在這情況下，政府在社會保障和福利服務的開支怎會不大幅飆升？

總結而言，《基本法》規定，特區政府可在原有社會福利的制度上，根據經濟條件和社會的需要，發展及改善服務。增加是有的，但過去二十年的經驗顯示，特區政府只是被動的遵守《基本法》的規定，卻欠缺決心和勇氣去改善市民生活，把香港的社會服務帶上更高的層次，及使相關的政策有更明確的目標和清晰的願景。

政黨政治與公民社會

　　政制開放後，社會服務從業員有更多參政的機會，開放的政治制度也使香港的民主運動風起雲湧。關於政黨政治與社會服務之間的關係，前文已有討論，但政黨政治只是民主運動一個較為突出的層面，更值得深思的是：隨着市民參與社會事務的意識不斷提高，另一更具深遠影響的運動亦隨之興起，那就是一般講的「公民社會運動」。

　　什麼是公民社會？簡單來說，公民社會就是社會發展的方向和策略，不再如過往般從上而下，而是經由人民從下而上來策動，其間透過民眾與政府之間的互動，最後達成共識及付諸行動。要達到公民社會，兩個先決條件皆不可少：第一，人民必須有透過民主程序來表達自己意見的途徑。如果意見的發表只由少數人控制或壟斷，大多數人便沒有參與的機會，公民社會也無從談起。所以，在殖民地管治的年代，除了在回歸之前幾年，香港的市民由於長期沒有民主表達意見的渠道，他們根本就無法從下而上的向政府提出他們的訴求，而政府制定的政策，由於並非在取得民意授權後作出，也只是一種從上而下的行政行為，並不是公民社會的表現。

　　第二，公民社會所以成立，是人民相信透過集體的力量，他們可以在社會上帶來改變，集體社會措施是人民滿足需要的最有效辦法。所以，在上世紀七十年代前，當香港市民仍認為個人的需要應主要由自己和家人承擔責任時，他們不會想到集體社會措施，也不會對政府有期

望，公民社會在香港就根本不存在。不過，從七十年代開始，香港市民認識到，工業化後的香港，帶來的問題和需要，已不是憑着個人的努力可以解決，他們必須組織起來向政府施壓，逼使政府承擔保障和改善市民生活的責任。就是在這種情況下，集體社會措施得到香港市民的接受，逐漸取代過往慈善機構和家庭承擔的責任，也為建立公民社會開創條件。

集體社會措施怎樣與公民社會扯上關係？先舉英國的經驗。1942年，英國仍在戰爭之中，政府委任威廉·貝弗里奇（W. Beveridge）探討戰後如何重建社會保險制度，貝弗里奇發表的《社會保險未來發展報告書》，建議全部英國國民皆可享受醫療服務，並於年老時享受金額相同的退休金。貝弗里奇並非是社會主義者，但他認為應破除階級分界，讓人民在社會服務上得到一視同仁的對待。自此，社會集體措施在英國成為人民的共識。

集體社會措施所以得到英國人民的認同，主要建基於戰後人人平等的觀念，而平等是公民社會的基礎。現在很難分辨是集體措施加速了公民社會的發展，還是公民社會使集體措施更容易得到人民的接受。總言之，兩者是互相關連的。

民主運動又怎樣與社會福利扯上關係？香港的民主運動只有二三十年的歷史，但可確認的是，市民有了政治選舉權，他們必然運用選票擴張本身享用社會福利的權利；所以，香港民主運動的發展，必然影響社會服務的發展。可預見的是，只要民主運動向前跨進，香港市民接受集體福利措施的程度將持續下去，政府肩負福利的責任將愈來愈大。民主

運動的意義是讓人民有權力共同管治社會，當民主的意識得到市民的認同時，集體福利措施便有更大的發展機會。集體福利措施的設立，個人承擔的責任是否相應減少，這是另一必須討論的問題，但總結過往社會福利發展的經驗，可見民主運動是推動社會服務發展的重要力量。

　　至於民主的決策過程與公民社會的關係，首先要交代的，是政黨在香港的發展情況。上世紀九十年代前，政黨在香港基本上不存在。香港既是英國殖民地，政府主要官員由英國委任，對任何危害政府管治的力量自然不能容忍，而市民也習慣了殖民統治，就算不至於避而不談，也不認為積極參與政治有好處。到七十年代，香港土生土長新一代的知識份子，不再甘於對現況的沉默，一些因曾留學外地而深受西方民主思想的影響，開始以個人或團體名義，在報章撰寫專欄或舉辦研討會，評論香港的時事，並積極提出改革建議。當時政府稱這些組織為「壓力團體」。在政府眼裏，「壓力團體」雖不能與政黨相提並論，但「壓力團體」對政府的管治可能構成威脅，必須在萌芽階段加以壓制。後來，隨着香港前途問題成為中英談判焦點後，民間論政組織紛紛成立，對香港的政治前途表示關注，其中一些更有政黨的雛型，派員參加區議會和兩個市政局選舉，以求擴展本身的政治影響力。

　　政黨的成立是二十世紀九十年代的事，而頗為諷刺的是，第一個正式以政黨名義成立的，竟是一向以來對政黨政治最有保留的自由黨。自由黨是最沒有政黨意識的團體，既首先轉變成為政黨，其他更有政黨之實的團體，如民主民生協進會、香港民主同盟等，便更有理由成為政黨。1991 年立法局選舉後，有政治團體支持的候選人以大比數勝出，

說明香港的政制發展到了不能沒有政黨的地步。政黨的出現,對社會福利的發展又有什麼影響?

　　政黨的成立,主要是針對選舉,對社會福利的發展,作用卻十分有限。政黨政治與社會福利的關係,可歸納為以下三點:第一,在政黨成立以前,立法局議員基本上以個人身份提出意見,但政黨成立後,隸屬不同政黨的議員,在發言及表決上,便必須跟隨所屬政黨的指示。第二,政黨出現後,立法會在各項社會政策問題上,大致可根據議員的政黨背景,看出他們的立場和投票取向。換言之,政策建議在提交立法會表決前,不但市民心中有數,政府也不用等待投票才知結果。因此,政府在提出有關社會服務政策的改革建議前,必須考慮能否得到足夠的政黨票數支持。第三,政黨雖無法改變政府的政策,但政黨成立的目的,是讓有相同意念的參政人士走在一起,以集體力量來爭取共同支持的理想。因此,政黨必須首先提出自己的政綱,表達他們對社會、經濟和政治發展的立場和信念。在民主社會裏,政黨有不同的價值取向是健康的現象,這樣才可讓市民有所選擇,市民也可透過政黨表達自己對政府的期望和要求。

　　不過,現行立法會的功能和分區直選的點票形式,間接的削減了政黨的作用。況且,現行政制仍以行政為主導,政策由政府決策局訂定,立法局只負監察政府的功能,本身沒有提議政策方案的權力。而政府提出的建議,就是立法會反對,政府可撤銷草案,待修改後再提交。另一點值得注意的是:立法會的議席分配,功能組別仍佔半數。到目前為止,立法會的選舉,地區選舉方面,政黨的支持十分重要,所以選舉出

來的也多有政黨背景，但功能組別選舉，有政黨背景的未必佔優，選出的議員不少是獨立人士。換言之，只要功能組別的議席仍然存在，政黨政治不可能全面發揮作用。況且，現在政黨的規模，大的只有黨員幾萬人，小的不過數百人，加上資源有限，對政策難有深入的分析，對政策的制定也難作出積極的貢獻。

最後要指出的是，政黨既難有執政的機會，所以政黨對民生福利的立場，着重點常是如何爭取市民的支持，而非為了執政時作準備。因此，政黨訂立的政綱，社會政策部分常欠具體內容，更不會解釋一旦推行時所可能遇到的阻力。政黨政治的出現，應是香港政制發展過程中無法避免的現象，但遺憾的是，到現今為止，政黨的作用只在監察政府和控制政府財政的支出，權力十分有限。這樣的政黨，不能說沒有存在價值，但也帶來其他複雜問題：第一，如上所說，因政黨不用擔心執政時的考驗，所以為了爭取支持，常常提出一些根本無法實現的主張。第二，就是某一政黨在立法會取得眾多議席，本身既無執政的機會，唯一要做的，就是站在政府的對立面，這樣就難與政府共同推動改變。

在美國，國會與總統也可能是對立的，但不同之處是，美國的總統有政黨支持，香港的行政長官卻不可能是政黨成員。換言之，政黨為了監察政府，只有扮演反對的角色。第三，政黨所持的主張和觀念，若然要有實踐的機會，唯一辦法是取得政府的認同，但這樣做，卻可能與部分市民為敵，得不到反對政府政策的市民支持。

綜合以上三點，可見在目前政制的架構下，政黨政治與社會政策的制定仍未能拉上密切的關係。政黨的出現，極其量只能發揮凝聚意念

相近的人士走在一起的作用，但對推動民生福利的改善，暫未見積極的效果。政黨面對的限制，卻催生了公民社會的建立：市民看見政黨無法代表他們，要表達意見，只能自發的組織起來，爭取自己的權益和推行改革，特別是年輕一代，只要他們覺得自己有道理，現在已不怕與政府「對着幹」。公民社會不斷的建立起來，也把香港社會政策的制定，帶上另一討論的台階。

公民社會追求公平和公義

　　這樣，香港的公民社會到了怎樣的階段？前文講過，公民社會的兩個特徵：第一個特徵是，政策的制定不再從上而下，而是經過市民的廣泛關注、討論和策動，政策從下而上的得到政府的接納、推廣和落實執行。第二個特徵是，市民不再「各家自掃門前雪」，認同集體社會措施的重要；並且，他們作為一地的居民，除可享受該地賦予的權利外，更有他們必須承擔的責任和義務。換言之，公民社會所以得到建立，最關鍵的因素，是人民開始認識自己公民的身份，感覺他們屬於這個地方，並為保護這個社會，獻出自己的努力和關心。

　　從上述公民社會兩個特徵看來，香港的公民社會確實在不斷成熟中。從上世紀七十年代開始，一些市民對如何改善社會提出他們的意見，繼而組織關注團體，推動市民對不合理的事情，例如公共事業增加

收費，表達他們的不滿和要求。這種從下而上的民意表達，是前所未有
的，顯示市民不再對政府的決策「逆來順受」。不過，那時的關注組織
和後來的論政團體，大多是短暫性的，並沒有長遠和具體的爭取目標，
所以當爭議的事情一旦過去，這些組織和團體也多以解散告終。

　　關注組織和論政團體雖短暫，但那時從下而上的群眾運動，大大
改變了市民「各自為政」的習慣；市民認識到，他們若然要改變現狀，
逼使政府修改既定的程序和政策，他們必須結合起來，爭取他們應該享
有的權益。在群眾運動的背後，我們可看到公民社會的另一特徵：就是
市民不再視自己為「過客」，香港是屬於他們的地方，要使這個地方成
為他們「安居之所」，他們必須負上責任，保衛傳留下來的價值觀念和
制度。

　　上世紀九十年代開始，香港公民社會主要循兩個方向發展：一是
政制改革的方向，目標是爭取普及和平等的選舉；另一是市民生活的改
善，目標是爭取香港成為關懷和公義的社會。香港的政制發展很難在這
書詳細交代，但就是經過二三十年的起伏，其間更發生令人痛心的社會
撕裂和分化，普及和平等的選舉看來仍是遙遙無期。

　　至於民生福利的改善，公民社會發生的作用卻較明顯和積極。早期
公民社會關注的議題，主要是一些與民生福利有直接關係的事情，例如
公共事業增加票價、公共房屋供應不足、綜援金額不夠生活、殘疾人士
受歧視等。到了回歸前後，一些範圍涉及全體市民福祉的議題，例如環
境保育、新移民和少數族裔的權益、經濟發展與社會發展孰先孰後、政
府資源運用的優次等，相繼受到市民的關注，他們繼而成立組織，監察

政府制定的政策是否合理和公平,又是否符合關懷和公義社會的準則。公民社會在改善民生發揮的作用,在本書的個案分析部分還有詳細討論。

總括而言,公民社會的潮流,正如國父孫中山先生講的:「世界潮流,浩浩蕩蕩,順之則昌,逆之則亡。」香港市民的聲音,再不能被壓制了!他們對關懷和公義社會的期望,也不是守舊的思維和政策所能消滅。由此可見,市民原先的訴求,雖只不過是希望自己的生活好過一點,但群眾的力量一旦形成,公民社會產生的凝聚動力,將帶領香港市民走向更高層次的追求和渴望。

第八章

社會服務資金的來源與運用
——平衡收入差距的再分配

- 工業革命後，社會資源增加，以前無法滿足的需要，例如強迫免費教育，今天在經濟發達社會成為國民應享的權利。

- 社會服務所需資源大部分來自政府的課稅收入，政府所佔社會資源的比重及運用資源的優先次序，決定了人民享用社會服務的範圍和方式。

- 社會服務所需資源數量，及政府和使用者各應承擔的責任，在不同社會制度常有不同的安排，視乎國民的價值取向和文化傳統。

- 社會服務資金來源走向私營化是近年常見的趨勢，私營化的方法包括設立供款性保險或儲蓄計劃、提高服務的收費水平、引入「代用券」等，在社會上常造成分化及削弱市民享用服務的權利。

- 特區成立後，政府嚴格遵守審慎理財原則，累積大量儲備之餘，亦使各項社會服務發展停滯不前。

工業革命增加資源的分配

　　十九世紀末開始，社會福利制度在西方工業國家中逐漸建立起來，條件之一是隨着工業發展，這些國家的資源也驟然增加。因此，長久未能解決的問題如赤貧，因工業社會的資源一下子足夠保障公民的基本生活而有改善。又如教育，數千年來只是少數人的奢侈品，在今天的工業國家，卻是每個兒童均可享有的權利。

　　資源的增加，使以前不可能發生的事情，今天成為事實，而且其中轉變經過的時間，從開始到現在只是一百多年的事。就以香港為例，1973 年才開始推行六年普及免費教育，在此以前，很多貧窮家庭的子女並沒有接受教育的機會，今天，不但十二年強迫免費教育成為事實，近乎免費的學前教育在 2017 年也得到落實。香港的教育制度，為什麼在半個世紀內可以出現這樣巨大的變化？為什麼教育服務已成為政府必須承擔的責任？究其原因，自從香港六十年代開始經濟起飛後，社會資源急速增加應是最重要的因素。相反來說，如果香港經濟停滯不前，社會上基本設施都不足夠，就是市民十分重視教育，相信普及強迫教育也會因資源短缺不會出現。

　　當然，資源是否足夠並不是唯一的考量，事實上，資源足夠與否也難有準確的標準。例如以國民收入而言，在亞洲區中，香港僅次於日本，和新加坡，而高於台灣和南韓，但上述國家和地區，早於五六十年代已實行強迫免費教育，香港卻於七十年代初才起步，明顯並非資源是

否足夠的問題。事實證明，人民是否有享用社會服務的機會，政府調撥資源的決定最為重要，至於政府如何考量公帑的運用，這是另一層次的問題。

在以上幾章，我們曾討論不同政治和經濟模式與社會資源運用的關係。大致上，社會主義形式的國家，由於大部分資源由政府控制，政府對資源的運用起着舉足輕重的作用；在資本主義形式的國家，政府雖可透過稅收支配資源的運用，但資源多由私人擁有，政府的決定受到限制。總的來說，社會服務的財政來源既主要依賴政府，政府對社會資源的運用擁有多大的控制權，是關鍵性的因素。

政府對社會服務的財政責任

第二次世界大戰後，西方工業國家在不同程度上推行「福利國家」制度，政府用於各項社會服務的支出隨之上升。上升的原因，一方面是工業國家的經濟在戰後持續增長，有足夠資源用於社會服務的發展。不過，就是減除經濟增長的數字，社會服務支出佔用整體資源的比例仍有增加，換言之，社會服務支出的上升幅度較生產總值的增長還要高。為了應付龐大的社會服務支出，西方工業國家必須提高稅收的比率，即政府要增加在生產總值中社會服務支出的比例。

政府收入可來自多方面，但最重要是透過稅收。西方經濟發達國家

的稅收一般都很重，通常利得稅和所得稅在 20－30% 間，還不包括僱主和僱員對社會保障和醫療繳交的款項。除直接稅外，政府亦可透過各種間接稅，如銷售和服務稅等來增加收入。總的來說，經濟發達國家的政府從稅收所得的收入，很少低於生產總值的三分之一。香港情況較特殊，政府歷年來的開支很少高於生產總值的 20%，政府的財政亦鮮有出現赤字。

經濟發達國家實行高稅率制度，原因之一是為了維持龐大的社會服務開支。在香港政府各項支出中，教育、公共房屋、醫療和社會福利都是重要項目，合起來總佔政府總開支一半以上，近年更接近七成。所以，如果總開支佔生產總值 20%，社會服務佔總支出的 60%，社會服務開支便佔生產總值的 12%，比率仍較一般經濟發達國家為低。

政府使用龐大社會資源來推行社會服務，是否物有所值？要回答這個問題，首先要理解的是，政府為什麼要承擔社會服務開支的責任？第一，如果政府不設立社會服務，人民雖可減去稅務上的負擔，但除非不想子女受教育，否則做父母的仍必須送子女入學，涉及的費用可能比繳納相關稅款更高。換言之，就是沒有政府提供的社會服務，有關需要仍然存在，個人也必須為着這些需要用去他們部分的收入。其實，社會服務的設立，並沒有改變需要的本質，以前的做法，是個別家庭用自己的金錢來應付教育和醫療等方面的需要，現在是透過集體稅收或繳款制度，人民把部分收入交給政府，並由政府提供服務滿足大眾的需要。所以，政府提供社會服務，扮演的是受託人的角色，相對過往個人用自己的方法滿足需要，情況自然複雜得多，效果也不一樣。

社會服務的需要性一旦確立，其次要考量的是：社會應該用多少資源來滿足人民這方面的需要？這個問題沒有一致答案。一般而言，經濟未發展，社會用於教育、醫療需要的開支不多，因為連吃也吃不飽，穿也穿着不暖，何來有餘錢用於子女的教育，或儲蓄以備年老時之需。但隨着資源增加，基本生活逐漸得到保障，在經濟發達國家，人民用於食物的支出通常只佔生活開支的 20%－30%。換言之，溫飽若然得到解決，隨之追求的，是改善自己的居住條件、送子女入學及為未來多些儲蓄。這樣，人民生活水平愈高，社會用於教育、醫療等服務的支出也愈大。

經濟發達國家的社會服務開支，一般佔生產總值的百分之三十或更高，也是合情合理。其實，這個數字很多時只代表政府的支出，並不包括個人在私人市場上購買教育和醫療等服務的費用，如果把兩者合起來，用於社會服務的資源可能佔更高的比例。舉例說明：英國推行全民保健服務，醫生私人執業情況不普遍，所以英國政府在醫療服務方面的支出，差不多代表了整體社會的支出；美國推行的是私人醫療保險制度，由個人向保險公司付款，政府只為年老和貧窮人士提供醫療服務。因此，單看數字，美國政府用於醫療的支出好像少於英國政府，但以社會整體用於醫療的開支出來計算，美國用於醫療的費用高於英國。

全民保健服務的好處是，人民不論貧富都有接受治療的機會，不會因貧窮而無法看病。當然，實際情況不會這麼簡單，英國的全民保健服務到了保守黨戴卓爾夫人執政的年代，英國政府便有意把全民保健服務（National Health Service）「私營化」（privatization），即加入更多市場的元素，在醫療服務中增加收費，不過後來人民大力反對，不願看見這種

為二十世紀最偉大的社會發明（social innovation）化為烏有，所以全民保健服務還是保存下去；但服務也出現了一些變化，如在公立醫院中加設私家病床，及容許醫生以部分時間在外間執業。英國政府也積極推動醫療保險，鼓勵人民不完全依賴公立醫療服務。英國政府這樣做，目的只有一個：全民保健服務雖強迫國民參與繳款，在他們入息中扣除一定的比例，但醫療科技的發展日新月異，醫療支出龐大，成本上升幅度遠高於生產總值，政府財務上的負擔愈來愈吃力；政府若然要加稅，人民不會歡迎，結果是病人輪候的時間愈來愈長，醫療設施愈來愈落後。在上世紀六七十年代期內，英國醫療人才流失十分嚴重，稍有經驗和技術的醫護人員，不少轉往美國和加拿大等地繼續自己的事業。

　　這樣，美國的私人醫療保險制度是否比英國的全民保健制度優勝？到了今天，美國的醫療設施無疑是最先進的，單看歷年的諾貝爾醫學獎，美國的醫療科學人員獲獎的次數最多。無他，有大量研究經費，設備又先進，研究的成果自然有過人之處。不過，代價是並非全部美國國民都可享用這些先進設施和研究的成果，只有收入較豐厚的美國公民才可得到美國頂尖醫療設施的好處。

　　這得返回社會服務財政來源的討論。美國用的是私人保險制度，政府只負責那些符合收入和資產審查的公民的醫療開支，及長者部分醫療和護理的費用。換言之，美國的醫療系統的財政來源，主要倚賴醫療保險的收費。這樣的制度，造成醫療服務上的差異顯而易見：有能力繳交較高保費的，得到的照顧和服務也較完善，繳費較低的則難免要忍受諸多不便和限制。低收入人員如果無法繳交保費，便只得倚賴政府提供的

最後保障。美國總統克林頓當政年代，曾想辦法為全部美國公民提供醫療保險，這樣也可減低對公營醫療的倚賴，但因阻力太大，結果無功而退。到了奧巴馬總統於 2008 年上台，其中最重要的任務是推行克林頓提出的建議，雖然反對的聲音仍十分激烈，但美國醫療制度造成的差異也是有目共睹，國民也不願看到低收入人士得不到適當治療，最後，建議在修訂後獲得通過。不過，美國新任總統特朗普，上任後第一項行政指令，就是要廢除奧巴馬時代建立的醫療改革。

若以英國和美國的醫療制度互相比較，可見財政來源起了關鍵性的作用，也間接的決定了制度的優劣。這不是說，英國的制度較美國的優勝，其實各有千秋，在乎個別社會的文化傳統和價值取向；若然客觀分析，可以看到沒有一種制度是十全十美，而服務的財政來源，也會因人民的觀念和時代的轉變而出現變化，所以單單認為某一制度才是最完美的，這樣的立論並不可取。

總結以上討論，可見社會服務的支出，最重要的決定因素首先是整體社會資源的數量：經濟穩步增長，人民的基本生活便可得到保證，進而發展各項社會服務。這樣，政府在社會服務的經費方面應有怎樣的承擔？主張政府應該負起全部或主要責任的，認為這樣可使社會資源得到較平均的分配，理由是政府收入來自稅收，稅制雖有漏洞，但整體來說，收入高的付出較多，服務接受者卻以中下收入階層佔多數。反對的人，認為政府一旦承擔大部分社會服務的財政支出，人民對政府難免產生倚賴，服務的需求有增無減；而政府承擔社會服務的財政責任，也很容易導致財政赤字和通貨膨脹。

　　社會服務經過一個世紀以來的發展，顯示社會服務一旦廣為人民接受，政府要完全逃避財政支出的責任並不可能。社會裏總有窮人，他們無法應付日常所需服務的費用，政府必須提供協助。而一些社會服務，如教育和公共衞生，為了社會的整體利益也必須由政府承擔，人民為了支持這些支出，繳稅也不會有怨言。因此，問題並不在政府應否承擔社會服務的財政責任，而是個人和政府各自承擔的責任，界線應如何劃分？以上比較英國和美國的醫療制度，可見這條分界線並不是固定的，除社會資源是否足夠外，人民對社會福利所持的觀念，及他們對政府的期望，也是必須考量的因素。

供款融資方法的興起和推行

　　政府透過稅收，收取部分社會資源以提供社會服務，是政府採取集體措施的方法，來解決人民面對的共同保障問題和需要。除稅收的方法外，自十九世紀末，供款融資方法（contributory financing system）開始盛行，成為社會服務，特別是社會保障計劃的財政主要來源。不過，供款制度涉及的問題錯綜複雜，也常在社會上引起激烈辯論。

　　平日儲蓄以應付急時之需，並不算是新鮮的事，古代社會也有類似制度。十九世紀時，工業社會出現變化，大批農民從農村湧向城市。城市生活充滿危機，工人再得不到傳統農村組織的支持，工人為了自保，

相繼成立互助合作社（co-operative），從日常薪金中繳交小額款項，待患病或有其他需要時，便可得到合作社的協助。合作社推行的形式有多類，一些類似現在銀行設立的「零存整付」，即社員得到的是自己的儲蓄加上利息；一些合作社為社員提供貸款，利息比市場稍低；一些合作社利用積累的資本，開辦分銷站，社員可購得廉價貨品；還有一些合作社採取保險形式，社員所供款項並不能全數取回，但有特殊需要時，支出可得額外補助。不少合作社其後因辦理不善，存在一段時間便消失。不過，合作社的經驗使工人明白，單是依賴少數工人的合作，並不能解決問題，政府的干預無可避免。從辦合作社得來的經驗，使工人普遍接受定期供款的概念，對自己的問題和需要，也願承擔部分財政開支的責任。

1883 年，德國首先推行社會保險計劃，保險概念那時已不陌生，但由政府負責推行卻是第一次。自此以後，社會保險的範圍不斷擴大，從醫療保險發展至意外傷亡、分娩和年老退休保障等。今天，世界各國多已成立不同形式的社會保險制度，不但是政府的重要任務，更且牽涉龐大資源的運用。供款性社會保險的特色，是供款者和受惠者並非同一人，而且部分供款者可能永遠無法受惠，例如未到退休年齡而死亡的，便無法享受退休金；一些受惠者卻可能只曾供款極短的時間便得益。至於社會保險與私人保險不同之處，是社會保險的供款率和受惠款額，考量的是僱員的能力和需要：一般是高薪的供款較多，受惠時得到的卻較少，而低薪的正好相反。所以，社會保險雖與私人保險有相似的地方，但兩者的性質並不一樣。一些人形容社會保險是「劫富濟貧」，就是因

為社會保險並不依從一般私人保險的原則。

　　社會保險既有特殊的計算方法，所以一些人並不認為社會保險是真正的保險。無論如何，社會保險需要受惠者參與供款，與政府提供的福利不一樣。大致上，如果服務是政府強迫人民接受的，如教育服務和公共衛生，經費應完全來自稅收，但如果需要是個人可以解決的，政府成立集體措施，並要求個人事先供款或儲蓄，就不能說不合理。

　　自十九世紀末供款制度設立以來，曾引起不少爭議，可歸納為以下幾點：第一，如何釐定供款和受惠款額才符合公平原則？第二，社會保險供款與個人或企業繳交的稅款有什麼實質的分別？第三，對僱主來說，社會保險供款是生產成本的一部分，還是給予僱員的附帶福利？僱主對供款是否有選擇的權利？第四，對僱員而言，供款是變相的繳稅還是他們延遲享有的薪金？最後，社會保險供款制度對經濟發展有什麼影響？

　　解答以上問題之先，必須首先說明，僱員對社會保險的供款，多從薪金中直接扣除，與所得稅的繳付方法相同。另一方面，僱主和僱員繳交的供款，今天差不多沒有任何國家把供款累積起來，多採用「即收即付」（pay as you go）的方式，即供款收到了，隨即發給符合資格的受惠者。社會保險成立初期，供款或有盈餘可作累積，但今天多是入不敷出。這樣，僱員繳交的供款，與他們繳納的所得稅，實難作出清楚分界。

　　除此以外，每個社會保險項目，如退休生活保障，僱主和僱員各自要供款多少才足夠？有日本學者曾對退休保障進行研究，認為以日本人

的平均壽數而言，僱員退休後若要維持退休前一半生活水平，他在四十多年工作期內，必須每月儲蓄相等於薪金 40% 的金額。以上只計算退休後的生活保障，還未包括醫療等方面的需要。精算人員可以很準確地計算每項社會保險所需供款的金額，但僱主和僱員實際上負擔多少，並不是由他們來決定，而是政府在考量整體社會和經濟狀況後訂立的政策，其中也包括不同的政治角力和妥協。

在社會保險發展的初期，人民認為社會保險的供款應與一般稅收分開，因兩者各有不同的目的和功能。當社會保險累積的基金消失後，政府便必須動用公帑以彌補社會保險出現的赤字，社會保險的供款和其他稅款的分野變得模糊不清。對僱員來說，總之是每月的薪金被扣除了一個可觀的數字；對僱主來說，社會保險既是強迫性的，他們不可由自己來決定是否給予僱員，所以社會保險供款早已成為生產成本的一部分，即僱主要聘用僱員，便必須付出法例規定的款項。

當供款式的社會保險制度於十九世紀末開始時，原先的意義，是政府在提供的社會服務之外，可以透過僱主和僱員的供款，累積資金增加僱員得到的保障。不過，時移勢易，今天經濟發達國家的社會保險制度，已成為政府重要的社會服務，供款再不是為了資金的累積，而是政府眾多資金來源之一，供款制度只是政府稅收的一種形式。

僱主承擔的供款既會增加生產成本，所以一些批評者認為，這種制度嚴重拖慢經濟發展。不過，這種批評並不能成立，因政府即使沒有設立供款性的措施，如退休生活保障，政府也必須增加稅收保障退休人士的生活，效果與設立供款性計劃分別不大。總言之，問題並不在供款制

度本身，而是應否透過集體性措施來解決某些社會需要。

　　無論是利用稅收制度或成立供款性計劃，最終要決定的，其實是應否增撥資源來解決問題。例如，隨着人口老化，長者的數目多了，需要幫助的也會增加，無論用哪種方式籌集資金，社會都必須承擔責任。若然認為供款性計劃會拖慢經濟發展，這種說法只是否定需要的存在，難道不設立供款性的退休保障計劃，需要協助的長者就會消失？況且，經濟發展了，資源增加，若不用來改善人民生活，經濟發展又有什麼意義？

　　總結以上討論，可見供款制度，是政府眾多籌措社會服務資金時，可行的辦法之一種。供款制度使僱員或服務使用者有較強的責任感，因為他們必須從薪金中扣除部分收入來應付需要，他們也因此感覺自己有享用服務的權利。

社會服務的收費制度

　　當社會福利仍處於「慈善」的階段時，提供的服務不會收取費用，就是要收費，接受服務的窮人也無法承擔。到服務的範圍逐漸擴大，部分使用者來自中上收入階層，他們一樣可以使用「免費」服務便不太合理。七十年代開始，一些經濟發達國家開始討論社會服務應否收費，除了服務使用者的經濟條件有改變外，還有其他原因：第一，一些經濟學

者認為，如果服務是「免費」的，將造成永無止境的需求，服務的供應也無法預計；另外，服務不收取費用，並非表示不需要成本，「免費」服務亦無法反映成本的高低。第二，「免費」服務也常引起極多不良後果，例如濫用造成浪費，提供服務的人員缺乏降低成本的警覺。所以，他們認為社會服務必須收費，就算只有象徵意義，也是值得。

社會服務收費是否百利而無一害？事實證明，收費實施後，一些極需服務的人士可能卻步不前。例如，香港的家務助理服務，雖有資助，但每次都必須收取些微費用，一些長者為了多省一個錢，有需要也不使用。這樣，服務達不到預期效果，需要迫切的人不能得到協助。收費也使行政制度變得繁複：為了減低無法繳付費用人士的負擔，難免要設立審查和相應的豁免制度，於是增加了營運成本。最後，社會服務設立的收費制度，常使人產生錯覺，認為服務並非為全民而設。

雖然不少人對社會服務的收費制度提出反對，但收費已普遍在各地推行，香港也不例外。以香港的情況而言，社會服務開支已佔相當高的比例，服務收費是增加資源的途徑，當然，不是每項社會服務都可以收取費用，例如專為窮人而設的服務，收費作用不大，又如為露宿者而設的臨時居所，收費也說不過去。若然服務的對象是全體國民，收費的可行性較高，例如香港的急症室醫療服務。不過，收費是否能有效地改善政府資金的短缺問題，至今未有定論：原因是社會服務使用者，仍以中低收入人士佔多數，收費過高，他們無法應付，高薪人士卻多利用私人市場滿足需要，社會服務是否收費對他們影響不大。

另一方面，社會服務推行收費辦法，或會在社會上造成分化。社會

服務的特點，正如肯尼思‧博爾丁（Kenneth Boulding）說的：是團結社會上不同階層人士，使他們不至於分成不同組別，但收費制度很可能把這優點破壞了。收費無疑可以增加政府的財政收入，使政府不需完全倚靠稅收，而收入高的人士也可負擔部分費用，但服務分了等級，收費高的服務好一點，收費低的，使用者難免得到較差的待遇。這樣，社會服務產生的凝聚力可能減弱。例如，香港近年來出現的「直資學校」，學校分為不同等級，難免削弱教育制度消除貧富子女起步不平等的作用，也加深窮家子弟「輸在起跑線」的感覺。

社會服務「私營化」

社會服務收取費用，目的之一是增加政府的收入，但收費不能改變社會服務主要由政府資助和營運的事實。對於反對「福利國家」制度的人士來說，收費只是改革的第一步，更徹底的做法是把服務私營化。

「私營化」（privatization）一詞是相對公營部門來說。在二次大戰前，大部分醫療、教育和福利等服務由私人或慈善團體辦理，那時沒有私營化的問題。隨着「福利國家」制度的推行，這些服務相繼成為政府承擔的責任，也漸漸歸入公營部門之內，政府開支在生產總值中佔了重要地位。支持社會服務私營化的人士，多認為政府辦事缺乏效率，在缺乏競爭和市場調節的情況下，政府和其他公營機構只會墨守成規，管理

的範圍只會增加，不會減少。他們認為，唯有市場的力量可提高效率，也唯有進行私營化，服務的使用者才可擁有真正的選擇。

社會服務私營化的概念提出來後，在上世紀七十年代，曾引起激烈的討論。當時，西方經濟發達國家的人民，對政府在社會服務方面的壟斷，確實有點厭倦，他們發覺自己並沒有很多選擇，例如送子女入學讀書，他們除了到政府學校外，其他學校沒有了；又如有病看醫生，除非願意負擔昂貴的收費，否則只有到公立醫療系統內的指定醫生處看病。

自私營化提出後，私營化實際的含意一向沒有明確的界定。艾倫·沃克（Alan Walker）認為，只要社會服務的供求使用市場的機制，便是走向私營化。霍華德·格倫內斯特（Howard Glennerster）則認為，私營化可以是財政上的問題，也可以是管理上的，總之是由公營走向私營。祖來亞·朱利安（Julian Le Grand）的解釋更詳細，他認為除財政和管理外，還可透過法例達到私營化的目的。總的來說，私營化是服務愈來愈不直接由政府負責管理及承擔財政上的責任。

至於私營化的實行方法，馬德森·皮里（Madsen Pirie）提出二十一種途徑，其中包括向公眾人士發行股票；出售政府擁有的企業；把企業售賣給僱員，讓他們持有企業的控制權，將服務以合同形式批出，讓私人企業負責提供；提供服務時，收取費用；鼓勵私人提供類似服務；自我約制，以減低政府的影響；容許政府提供的服務自負盈虧；使用「票據」（voucher）制度，讓服務使用者有更大的選擇自由。從以上各種私營化的途徑，可見私營化並非單是政府放棄管理或資助的責任，而是政府在不同程度上，減輕本身對服務的管理和資助承擔的

任務。

過去二十年來，西方經濟發達國家的政府，以不同形式把公共事業進行私營化，特別是英國，以前很多由政府擁有和控制的業務，今天成為股票市場上可以交易的公司。英國政府也很希望把社會服務私營化，但實際進展並不顯著，能夠做到的，最普遍是提高收費，或成立獨立組織代替政府直接管理。如英國公立大學的學費，2012 年增加超過一倍。近年來，香港政府也容許大專學院，設立不同形式的「自資」課程。

社會服務私營化是否仍會發展下去？看來西方各國政府在財政緊絀的情況下，這種趨勢是會繼續的。關於私營化的效果，現有研究有不同結論：部分研究發現社會服務私營化後，服務使用者確有多些選擇，服務的效率也逐漸提高。但部分研究卻發現，服務經私營化後，質素下降，使用者卻要多付費用，一些極需服務的人士也得不到協助。不過，這些研究本身多有自己的立場，結論難免有差異。

無論私營化是否受到歡迎，在金融危機接二連三發生之後，今天經濟發達國家多採取緊縮措施，私營化有急劇增加的趨勢。私人辦理的服務，無論是學校、醫院、診所或老人院等當然要收費，且收取昂貴的費用；不過，只要有市場，這些私營服務還有發展的空間。所以，西方社會裏，無論哪個政黨上場，新的執政黨都無法改變私營化的趨勢，遑論重返六十年代社會服務完全由政府提供的狀況。

如果私營化不會消失，那麼，對社會服務的資金來源產生了怎麼的影響？理查德‧蒂特馬斯（Richard Titmuss）在他的著作中，曾強調社會服務最珍貴的地方，是按照人們的需要提供服務，而非按照他們付款

的能力（ability to pay），私營化正好與這個原則相反；私營服務看重的
是市場的供求關係，而供求又必須以價格（price）來表示；服務一旦有
了價格，使用者便必須考慮自己的付款能力。或許，蒂特馬斯提出的是
一種理想，在現實生活裏，很多東西都必須付款才能使用，而社會服務
由公營轉向私營，使得這殘酷的現實變得更加顯著。

「福利國家」制度倡議的，類似中國傳統中的大同社會的思想，私
營化使這個理想幻滅。從管理的角度看，私營化並非一無可取，特別
在有限的資源下，政府必須令個人承擔更大的責任；而「福利國家」制
度強調以集體形式改善民生的做法，看來在私營化影響下，也變得面目
全非。

香港社會服務的財政來源

香港社會服務的財政來源，主要倚賴政府的稅收收入，社會服務的
發展，因而常常受到政府財政狀況的影響；一般而言，當政府財政有盈
餘時，社會服務便有較大發展機會，赤字一出現，發展計劃便得推遲，
甚至擱置。

香港社會服務的資金既大部分來自政府的稅收，其中產生的資源再
分配效果便較顯著，畢竟使用服務的市民以中下階層人士佔多數，承擔
稅款的則以中上階層為主。不過，由於香港政府每年的總開支，一般在

生產總值 20% 之下，社會資源再分配的作用難免受到限制。另外，各項社會服務產生的資源再分配效果也有差異。例如，綜援產生的資源再分配作用較高齡津貼顯著，公共房屋也比醫療服務有較大作用。

至於供款性計劃所起的資源再分配作用，首先得分辨供款性計劃採用的是社會保險或是公積金的形式：前者是「危機分擔」，後者是強迫性儲蓄。社會保險形式的供款計劃，是當自己有工作能力的時候，拿出部分收入以應付未來的需要，計劃是集體性措施，繳交的款項並非直接用在自己身上，是共同承擔風險，甚至是隔代的資源再分配。公積金計劃是政府強迫人民儲蓄，累積的款項用來保障個人和家人在住屋、醫療、教育、長期護理等方面的需要，完全沒有社會資源再分配的效果。新加坡的中央公積金是最好的例子。

上世紀八十年代開始，香港各項社會服務也緊隨西方經濟發達國家的趨勢，逐步設立收費制度或提高現有收費水平。例如，公共房屋方面，香港房屋委員會未成立以前，公共房屋的租金只有象徵意義，形成部分租戶就算置有物業也不願把單位交回，情願每月繳交租金；醫療服務方面，門診只收取些微費用，以至一些病人只看病不吃藥，造成浪費；福利服務方面，長久以來不收取費用，理由是接受服務的都是低下階層人士，他們沒有負擔費用的能力。

到八十年代中，政府建議推行參考「市場價值」的收費制度，一度引起市民激烈反對，特別是公屋居民，他們進行請願、靜坐、露宿和絕食等行動；福利服務引入收費時，也引起社會工作者和服務使用者的抗議。雖然反對的聲音不絕，但政府堅持推行社會服務收費的政策，堅稱

這是最有效運用社會資源的做法。除了提高公屋租金的水平外，房委會還建議，租戶的收入一旦超過特定的數目，租戶必須繳交雙倍租金，最終甚至把租金與市值掛鈎，變相強迫租戶遷出。這種按照住戶收入而釐定的租金政策，當時被謔稱為「富戶政策」。

政府的「富戶政策」，其實也帶出兩個重要的信息：第一，公共房屋是解決經濟上有需要的市民的住屋需要，但當他們的收入改善了，他們就必須繳交較高數額的租金，或騰出單位給公屋輪候冊上的市民入住。除了強迫「富戶」遷出外，政府也提供誘因，如果他們願意申請「居者有其屋」，他們中籤的機會較非公屋居民為高。第二，政府提供的社會服務，特別是公營房屋，是不會與私營的房屋重疊或競爭。換言之，公屋居民一旦有經濟能力進入市場租住房屋或置業，他們就不應接受政府在住屋方面的資助。這種公營服務不應與私營服務競爭的論調，到了回歸後最初的幾年，因經濟持續低迷，曾被政府用來停售和停建居屋的藉口。

醫院管理局於 1991 年成立後，醫療融資成為政府和市民不斷研究和探討的議題。關於醫療融資，本書另有篇幅詳細討論，但值得在這裏首先指出的是：醫療融資和公立醫療收費是息息相關的。到了今天，公立醫院的住院病人每天繳交的費用維持在一百元，數額明顯只有象徵意義，住院病人每天的膳食費用也不夠。

為什麼公立醫院不可提高收費？原因有多個，不能一一細表，但主要阻力是：在市民心裏，這是政府提供的服務，目的是保障市民的健康，政府也曾保證，沒有市民會因付不起錢而得不到治療；因此，由公

帑支付絕大部分醫療服務的開支，從來被視為政府應負的責任。醫管局過去曾多次提出增加收費，但結果都遭市民激烈反對，連帶政府提出的醫療融資方案，至今沒有一次成功。市民所以不接受政府提出的醫療融資建議，因他們覺得，自己既可享用差不多免費的公立醫療服務，他們為什麼還要參加醫療儲蓄或相關保險計劃？就算部分市民已有購買私營醫療保險計劃，但保險範圍一般十分有限，市民知道，他們最後的保障還有公營醫療服務。

總結而言，收費制度成立後，服務發展的靈活性確實大了。自房委會的財政獨立後，公共房屋的租金雖與同類型私人樓宇的租金仍有一段距離，但距離已較徙置區和廉租屋時代有所縮減，有能力的公屋居民，也願騰出單位，購買居屋，或在私人市場置業。另外，公屋租金提高了，房委會也必須在公屋的設備上作出相應的改善，七十年代以後建成的公屋，條件明顯有進步，也加快了重建的步伐。

醫療和福利服務方面，收費制度卻未帶來顯著的成效。醫院管理局成立後，公立醫院設立收費較高的乙等病床，但床位數目有限，就是近年公立醫院可加設私家床位，收費與成本掛鈎，但增加的資源，相對於政府每年的撥款，根本微不足道。現在醫療服務面對的兩大困難：一是政府用於醫療服務的資金並不足夠，二是醫護人手嚴重不足。所以，單是提高醫療服務的收費，並不可以解決問題，必須從新檢討公立醫療服務的定位，否則任何醫療融資方案，只會引來激烈的反對，也不會得來實質的結果。

福利服務方面，現在收費的項目，主要包括一些住院服務，其他服

務多按性質收費，如青年活動，但收取的費用無法與成本掛鈎。福利服
務收取費用，政府得到的資金並不多，因使用者以低下階層佔多數，部
分更必須倚賴綜援，收費並無實質意義。

　　從福利服務收費，也可從另一角度，看看政府近年推行的「代用
券」或「票據」（voucher）的資助方式，因政府若藉此更有效運用資源，
與增加收費，效果也一樣。「代用券」並不是新鮮事物，經濟發達國家
早有「食物券」作為社會保障重要的部分，以替代現金的發放。「代用
券」的另一個作用，是協助有需要的服務受助者，能拿了「代用券」，
在市場上購買相關服務，一來可減少政府直接辦理或資助服務的責任，
二來受助者拿了「代用券」，也可在市場上有更多的選擇，按照自己的
經濟能力，滿足自己的需求。

　　當然，「代用券」能否收到最佳成效，首先得視乎市場上是否有足
夠服務可供選擇，例如社會福利署最近在長者服務推出社區支援和住
院「服務券」的試驗計劃，相信拿了「服務券」的，面對的最大困難，
是根本無法在市場上找到合乎自己期望及「服務券」的金額可應付的服
務，如果自己或家人必須補貼額外費用，也非大部分使用者可以承擔。
總言之，「代用券」並非萬能，在福利服務的範疇內，更不可迷信市場
力量可以解決一切問題。香港政府近年在社會服務設立收費制度，有人
形容是服務走向私營化，但香港從未推行「福利國家」制度，所以不能
說服務轉向私營化。西方經濟發達國家近二三十年推行的私營化，香港
並沒有受到影響，香港私營的教育、醫療和福利等方面的服務，從來只
扮演輔助的角色，在整體服務中佔去的比重不大。

綜合以上分析，特區政府在理財方面的策略，尤其在控制公共開支運用的原則和手法，可簡述為以下幾點：

1. 整體而言，特區政府嚴守《基本法》的規定，包括《基本法》第一百零七條：「香港特別行政區的財政預算以量入為出為原則，力求收支平衡，避免赤字，並與本地生產總值的增長率相適應。」為了符合《基本法》的規定，特區政府的理財手法，難免過分謹慎，嚴格控制經常性開支增長之餘，更造成回歸以來的二十年裏，除首六年和2008年外，其他年份多有盈餘，以至政府的儲備，到2017年累積超過九千六百億元。

2. 特區政府奉行「大市場、小政府」政策，公營部分維持在生產總值20%間；經濟不景氣時，如「沙士」前後，公營部門所佔比例上升，經濟回復增長，所佔比例下降。換言之，特區政府的理財哲學，不會如其他經濟發達國家一般：經濟衰退時，政府增加公共開支，從而刺激經濟恢復增長，到經濟過分熾熱時，則以收縮開支減慢增長幅度。

3. 特區政府在亞洲金融風暴過後，以「紓解民困」為口號，增加社會服務的支出，尤其在社會保障方面，引入多項保障基層市民生活的措施，包括：「鼓勵就業交通津貼」，及後來的「低收入在職家庭生活津貼」，並在生果金和綜援間，加入「長者生活津貼」。教育、醫療、社會保障及福利服務的合共開支，由特區成立初期約佔政府總開支約一半，上升至2017－18年度財政預算接近七成，其中各項開支的情況見表8.1。

表 8.1　香港特區政府開支分佈情況（2017－18 年度）

開支項目	經常開支（億元）	百分比（%）
教育	875	17.8
社會福利（包括社會保障）	805	16.4
衛生醫療	700	14.2
基礎建設	891	18.1
環境及食物	233	4.7
經濟	180	3.7
保安	473	9.6
其他	757	15.4
總開支	4,914	100

注：政府用於公共房屋建設的開支，主要是為房委會提供土地，折合的
　　價值歸入房委會的賬目。

第九章

社會服務的管理
——公營與民間機構的合作和紛爭

- 有良好的社會政策而沒有良好的管理，提供的服務便難達到預期目標。

- 決策者與執行者的聯繫若出現問題，浪費資源外，更會削減服務的成效。

- 政府部門如何與非政府機構協調和合作，是香港社會服務管理最關鍵的問題，決定了服務的水平和質素。

- 香港社會服務管理欠缺有效的外間監察，服務運作與實際需要常出現距離，效能大打折扣。

- 社會服務由中央層面的政府負責策劃和推行，常與地區居民的需要脫節。

- 社會服務近年出現「私營化」的趨勢，包括公屋資產上市，透過醫療融資增加私營部門比重，幼兒教育和長者福利服務採用「代用券」。

社會服務管理常見的問題

　　社會服務的發展只有百多年的歷史，早期最受關注的議題，是如何以有限資源來滿足無限的需求，至於政策的制定和服務的管理，並沒有提出來討論。到了英國一些大學開設社會行政（Social Administration）學科，集中探討的仍是背後的理念和政策的分析，很少涉及服務的運作和管理。這不表示社會服務的管理不重要，其實，現在很多關於社會服務的批評，例如市民申請服務遭遇的困難，常與政策和制度本身沒有直接關係，而是行政和管理上出現了問題，連帶有關政策也受到非議。

　　為什麼社會服務的管理不受到重視？原因之一是，社會服務既多由政府部門和公共機構提供，因而常放在公共行政（Public Administration）的範圍，好像社會服務本身不需要獨特的行政體制。原因之二，社會服務不以牟利為目的，資金也主要來自政府的資助，負責管理社會服務的行政人員，難免對服務的成效有所忽視；況且，服務能否達成預期效果，政府也難設定客觀的量度標準。

　　各項社會服務有不同的性質，一些必須由專業人士提供，他們包括醫生、護士、教師和社會工作者等；一些倚賴行政人員去推行，例如社會保障、社區會堂。整體來說，社會服務管理有以下特別的地方：

　　第一，社會服務是人力非常密集（labour intensive）的事業。試以醫院為例，一間擁有一千張病床的醫院，通常要僱用兩倍以上的工作人員，其他「二十四小時服務」的院舍，如安老院、育嬰所和傷殘重建院

等，情況也十分類似。就是並非二十四小時運作的社會服務，人手也不可缺少，他們多不能用機器來代替。

其實，任何服務行業都是人力密集，尤以社會服務為甚。人力密集的後果是：成本上升幅度高於通貨膨脹，因為在各項成本中，薪金佔的比重最高，亦難有削減的空間。自上世紀七十年代以後，隨着社會服務急速發展，香港各項社會服務的開出急速上升，增加的幅度遠超生產總值。當然，促使社會服務支出增加的成因很多，但社會服務人力密集影響最大。因此，如何控制社會服務的成本支出，是管理上必須注視的問題。

第二，社會服務的資金大部分來自政府，所以負責推行社會服務的，不是政府部門便是公共機構（public organization）。一向以來，政府和公共機構僱員給人的印象是按規則辦事，不需為着利潤或自己的收益而工作。不過，事實證明，情況並非如此美好：當他們不用擔心市場的反應，成本上升也可由納稅人支付時，他們對工作的成效，敏感度便有所不足。一些政府部門和公共機構也缺乏外間的監察，例如一些非政府機構，每年接受政府數以千萬元計的資助，它們的最高決策層可能只有十多位沒有代表性的社會人士，他們對公眾的交代只有象徵意義。

第三，從事各項社會服務的工作人員多是專業人士，他們除了身份上是政府或公共機構的僱員外，也常是專業團體的成員。香港一些專業團體歷史悠久，也有十分嚴謹的專業資格審核制度，對會員的專業操守有周詳的規範，其中以醫生為最佳例子。教師和社會工作者近年來較注重本身的專業地位，但他們所走的是專業團體的路線還是工會的路線，至今仍搖擺不定：專業團體的路線對本身的社會形象和地位有較大的幫

助，工會的路線卻能為會員帶來較大利益。無論如何，社會服務的工作人員都不能單單把自己看成是機構的僱員，他們也隸屬機構以外的專業團體，而兩者的要求未必完全相同。例如，在資源不足的情況下，作為政府部門或公共機構的僱員，他們應按照上級指示，減省一些專業守則不容許的程序，或是堅守專業原則，不考量資源是否充足？矛盾是存在的，也是社會服務管理人員必須面對的問題。

政府部門 Vs 公共機構——管理上的利弊

　　從管理的角度看，政府給予社會服務的資助不能無止境的增加，如何降低成本和提高效率，是社會服務行政人員必須注視的首要任務。與需求比較，政府撥給社會服務的款項明顯不足夠，開源節流是醫管局和資助非政府機構想盡辦法去做的事。公立醫院方面，急症室收費及設立分流制度是公眾最先看見的應變措施；福利服務方面，社會福利署於2001年開始推行「整筆過撥款」的資助制度，結果引來非政府福利機構一連串行政上的改變。

　　如何控制成本和提高效率，上一章討論「私營化」時也有分析，但主要是從財政的角度看；「私營化」的目的不應單是減輕政府財政上的負擔，更重要是行政上減少政府的官僚氣息，多些吸納私人市場的運作元素。例如，公立醫院外判清潔和保安工作由私人公司經營，背後的假

設是私人公司較政府和公共機構提供的服務更有效率，可降低成本。經過十多年的試驗，「私營化」確使一些效率低的服務得到改善，例如公共房屋管理，早期的徙置事務署及後來的房屋署，表現多為居民詬病，公務員的編制也使成本偏高。及後房委會進行改革，屋邨管理加入私人公司的參與，成效明顯較以前有改善。至於房委會後期將大部分公屋商場「私營化」，成立上市公司「領匯」（今稱「領展」），更是社會服務走向「市場化」的典型例子，其中得失容後討論。

醫院管理局於 1991 年成立後，過往的政府醫院和補助醫院統一為公立醫院，並於各區設立聯網制度，統籌各區公立醫療資源的運用。管理方面，醫院管理局還作出以下改變：第一，不同公立醫院設有管理委員會，增加醫護人員及社會人士參與醫院管理工作。第二，醫院在聘用工作人員時擁有較大彈性，因員工不再以公務員的條件聘用。第三，個別公立醫院可設立乙等病床，一些公立醫院的醫生有較大自由診治自費的私家病人。明顯地，公立醫院較過往的政府醫院在管理上有更大的自由和靈活性。

教育服務方面，司局長問責制未成立前，教育政策由教育統籌局負責，實際執行工作則落在教育署身上。2002 年推行司局長問責制後，教育統籌局與教育署合而為一，不再設教育署，目的是使政策與行政有更緊密的連繫。回歸以後，學校管理和課程內容出現翻天覆地的改變，如母語教學、校本管理等。這些改變並非本書所要探討的，但從政策和管理的角度分析，其中出現的變化，對整體教育制度帶來衝擊，也間接影響了教育服務的功能及兒童享用教育的權利。

　　首先，回歸以後，政府曾試圖打破傳統英文中學和中文中學的分野，後因社會氛圍不配合，家長的反對尤為激烈，結果政府讓步，讓一百多間中學保留英文中學的地位，推動母語教學的努力遭到挫敗。教學語言影響的不單單是學生用何種語言學習，更嚴重的是在社會裏造成分化：成績較好的學生入讀傳統名校，他們多來自中上階層家庭，餘下多來自基層家庭的兒童，他們只能入讀社會人士標籤為次等的學校。教學語言的問題一路糾纏不清，就是到 2011 年，教育局引入「微調」，教學語言仍是老師們面對的一大困擾，分化局面未有解決。

　　第二，教學語言引起的爭議，導致不少家長送自己的子女入讀「國際學校」。國際學校原先設立的目的，是給一些在香港居住的外國人士的子女入學，課程一般以英語授課。本地家長為了不想自己子女接受母語教學，一些有經濟能力的家長爭取他們的子女入讀「國際學校」。此後，一些傳統名校為了有更大管理學校的自由，不再受教育局的束縛，申請成為「直資學校」，除接受政府固定的資助金額外，可按本身的教學目的而增加收費。「直資學校」的收費十分參差，但學校由於在課程安排上有較大彈性，收取的學生一般成績較佳，因而得到經濟能力較好的家長歡迎。

　　「直資學校」的優劣，並不是這裏要討論的，但造成的社會分化卻有目共睹。「直資學校」多是傳統名校，本身的設備和師資較優勝，現在資源增加了，收取的學生也多來自中上階層，結果，學生的背景與「非直資學校」形成明顯的對比，雖不至壁壘分明，但對於階層的流動造成障礙。這裏不是要完全否定「直資學校」的價值，而「直資學校」

的數目，相信未來只會增加，不會減少。因此，為了消除「直資學校」與「非直資學校」的分隔，政府必須推行補救措施，例如規定「直資學校」收取一定名額符合入學條件卻未能繳交費用的學生。當然，融合不同家庭背景的學生，並不是容易的事，但基層家庭的子女愈來愈無法進入「直資學校」的門檻，只會造成更大的分化，影響社會穩定。

第三，回歸以後，也因推行母語教學的緣故，少數族裔的孩子要上學，多了一些困難。過往少數族裔的兒童要讀書，多有為他們特別而設的學校，但現在課程出現改變，中文是升學的必須條件，政策也鼓勵少數族裔兒童融入主流學校，因而造成種種障礙和困難。如果教育局能夠早作準備，為少數族裔兒童提供適當輔助，問題不難解決；可惜的是，少數族裔兒童總是得不到適當的輔助，以致平等機會委員會也提出意見，並與教育局磋商解決辦法。但直到今天，情況還未有改善。

相對於醫療和教育服務，福利服務的行政系統最凌亂。除社會福利署和非政府機構分庭抗禮外，非政府機構的行政組織亦五花八門：一些設有慎密的管理制度，服務質素可得到保證；一些在組織上十分鬆散，服務的成效時好時壞。非政府機構「五花八門」的行政系統，源自不同的歷史背景，很難要求一致起來。自「整筆過撥款」計劃推行後，各項福利服務制定標準（service standards），成為政府計算補助金額的依據。事實上，政府對非政府機構的監管，唯一辦法是透過補助撥款機制，確保非政府機構在得到撥款後，提供一定數量的服務，但對服務的質素，政府難有衡量的標準。

曾有建議政府可仿效房屋委員會和醫院管理局的例子，設立統一的

行政組織。但非政府機構數目以百計，要它們放棄自主的地位，可能性並不高。相反，自「整筆過撥款」實行後，不少非政府機構試行辦理自負盈虧的服務，不但沒有接受政府的資助，且多方面引入市場的競爭方法。總言之，非政府機構保持獨立的行政系統，好處是非政府機構可適應時代的轉變，不斷調整本身的服務方針，服務種類也可因應需要而改變，當然它們要接受政府撥款時定下的規範。

不過，非政府機構保持本身的獨立地位，並不是行政系統上沒有改善的餘地。非政府機構的行政系統常犯上以下毛病：第一，非政府機構的行政人員多從社工職系晉升而來，他們有社工的專業訓練，但管理知識只是累積過往的經驗，特別在財政事務的管理，常有力有不逮的情況。第二，非政府機構的董事局或管理委員會，成員來自有關團體或其他界別的社會人士，他們只是代表社會參與機構的決策，但對機構的運作卻欠缺第一手資料，也無法衡量服務的成敗得失。第三，非政府機構的財政來源主要來自政府的資助，機構很多時只向政府負責，只求依從政府的規定，至於服務是否符合服務對象的需要，資源又是否得到有效運用，行政系統又應否改進，一般並沒有嚴格的監管。

監察社會服務的機制

上世紀七十年代開始，各項社會服務迅速發展，連帶相關的管理系

統也出現變化。首先，房屋委員會於 1973 年成立，雖然執行公共房屋政策的仍是房屋署，但房屋委員會有獨立的財政賬目，決策上也較作為政府部門時有彈性。房屋委員會的成立，開創了社會服務由公共機構負責管理的先河。1974 年，醫療服務分區化，從此補助醫院歸入全港醫療服務網中。八十年代中，政府聘請顧問公司對醫療服務的重組進行研究。其後，顧問公司發表報告，即日後稱的「史葛報告」，建議政府成立醫院管理局，把政府醫院及補助醫院交由醫院管理局管理。

教育方面，經過多次中小學分派學位制度的改革，政府學校與補助學校漸漸連成統一的系統，直至近年「直資學校」的出現，才再有不同的管理和收生辦法。而八十年代開始成立的教育統籌委員會，原擁有極大的決策權，性質與房屋委員會和醫院管理局十分接近，但政府於 2000 年成立司局長制後，教育統籌委員會的權力改變了，特別是教育局與教育署合併，形成教育政策的制定及執行的任務，再次完全由政府單一部門控制。

福利服務方面，1981 年及 2001 年兩次資助模式的改變，使非政府機構的管理不再如過往般五花八門，慢慢形成相似的管理系統，但非政府機構仍保持相當的獨立地位。這樣，福利服務會否有一天由單一的公共機構來管理，正如公共醫療和公共房屋一樣？可能性是存在的。其實，社會服務由公共機構負責管理，最值得注意的是監察的問題。隨着民主政制的發展及市民權益觀念日益高漲，社會服務管理人員提供服務時受到的監察，明顯較二三十年前有改進。

一般而言，監察渠道有以下幾種：第一，現在執行政策的政府部門

和非政府機構，多接受服務使用者諮詢和投訴，他們的意見必須向管理部門反映。第二，公立醫院設有管理委員會，房屋委員會設有不同性質的工作小組，非政府機構也有自己的管理委員會或董事局，這些都加入各界社會人士作為代表，在一定程度上也起着監察的作用。第三，現在無論是立法會或區議會議員，對各項社會服務的運作都十分關注，常代表市民提出意見及傳達他們的不滿。

第四，今天傳媒所發揮的監察功能無遠弗屆，對社會服務運作上出現的種種問題，如學校收生不公、醫療事故、申請公共房屋輪候時間過長、非政府機構「肥上瘦下」的現象，傳媒怎會輕輕放過！社會服務的管理不斷增加透明度，官員問責也成為時尚，這樣，政府部門或公共機構的管理，真的得到有效的監察嗎？實在的情況是：部門或機構雖接受投訴，但做完一輪調查後，事件多不了了之；社會人士參與管理，但因他們沒有代表性，也常是政府或有關組織委派的，能否起着監察作用實在成疑；至於議員發揮的監察作用，很多時為政治考慮所掩蓋，並不是事事都得到合理和公正的處理；傳媒的監察更要看周遭環境，不偏不倚的報道「說易行難」。

總括而言，香港社會服務的監察仍有待改進，其中關鍵：服務使用者能否有效的提供意見，令服務的管理和運作更上一層樓，達到監管的目的。這種服務使用者的參與功能，並非與管理層對抗，而是透過兩者的互動和彼此的信任和合作，使服務無論在政策的制定和運作方面都能不斷改進，回應社會的要求。

社會服務地區化管理

　　還有一點要討論的，是社會服務地區或地域化管理的問題。在其他大城市，包括教育、醫療和福利等社會服務，大多由地區性的行政組織負責經營，例如市議會和地區層面的政府部門。社會服務由地區層面的行政架構來管理，與這些國家或地區的政治體制有密切的關係。一般而言，因這些國家或地區幅員較廣闊，所以除中央層面的議會外，下一層的行政架構，城、鎮、鄉等，也可以有自己的議會和行政組識，有權力徵收稅款，並可營運各類社會服務，如學校、醫院、護老院等。

　　香港的公共行政架構是中央集權形式：只有特區政府有權收稅，也只有特區政府有制定社會服務政策和推行服務的資源和任務。上世紀八十年代初開始，政府在十八區設立區議會，但區議會的職能是反映居民對政府施政的意見，屬諮詢的角色，就是可以推動區內小規模工程建設，資源亦十分有限。至於那時仍然存在的兩個市政局，職能限於地區清潔和環境衛生等市政任務，並不涉及社會服務的範圍。回歸前，曾有建議政府應擴大區議會職能，包括有足夠資源，設立一些符合地區需要的社會服務，如幼兒院、長者中心等，但建議得不到政府的接納。

　　社會服務由特區政府統一策劃和推行，明顯與香港的地域環境有關。因香港人口密集，地區難有清晰的劃分；不過，這樣統一形式的策劃標準，社會服務便難貼近地區居民的需要，也難按地區的問題作出適度的調整。例如，天水圍 2004 年發生倫常慘劇後，調查發現，天水圍

很多社會服務設施，如學校、醫院、福利服務等，根本追不上天水圍居民迅速增加的需要。而且，社會服務以人口比例作規劃，有時也未能符合不同地區人口組合的狀況，以致服務無論在數量和種類上，與居民的需要常有距離。

　　總的來說，社會服務由中央層面的架構負責規劃及推行，弊端日益明顯；就是一些部門設立地區性行政部門，如社會福利署的地區主任和醫管局的地區聯網，只可確保資源有效運同，未能改善中央集權的弊病。有建議地區性議會應該成為決策機構，在社會服務推行上有決定和執行的權力，但這樣的改變，關係到香港的政制改革，並非一朝一夕可以達成。前行政長官梁振英曾說：地區問題應在地區層面處理。看來，政府也知，社會服務的地區化管理，是政府不可迴避的問題。

公屋資產上市與社會服務「私營化」

　　以上討論，提及房委會曾將原先由房屋署管轄的商場，部分轉售給「領匯」上市，令原來屬於政府的資產，今天變成市場買賣的股票。這樣把政府資產變賣，是徹頭徹尾的「私營化」。現在「領展」不但全權管理這些從房委會買來的資產，按照市場狀況釐定商場的租金水平，更可把手中的資產出售給其他私人公司，博取更高利潤。房委會售賣資產給「領匯」時，雖然交易文件上訂明，「領匯」應顧及公屋居民購買

日常用品的方便和需要，但條文只是一般性的，並沒有具體約束力。況且，「領展」作為上市公司，負責對象是持有「領展」股份的投資者，而「領展」的股價表現，最能反映公司的成敗，至於屋邨居民對「領展」的管理是否滿意，只屬次要。

到了今天，「領展」的經營手法及其對公屋居民生活的影響，並不是這裏討論的重點，這裏要審視的，是公屋資產「私營化」對社會服務管理引發的問題。問題之一，是「公營化」與社會服務成立的目的是否有違背？例如政府興建公共房屋，目的是要滿足基層市民住屋的需要，雖然現在政府只是出售公屋內的商場，但居民的生活必然受到影響，這又是否符合政府當初興建公屋的目的？如果政府售賣的是政府擁有的土地，相信市民不會反對，但政府現在賣的，卻是為滿足公屋居民生活需要而建的商場，政府這樣出售資產是否恰當？有否違背原來興建公共房屋的目的？如果公屋的商場可以出售，政府是否可以把政府醫院部分非核心服務出售，例如放射治療，賣給財團任由他們按照市場規律來經營？這樣的例子在其他國家並非罕有，新加坡政府曾把多間政府醫院逐步改變為私家醫院，並設立醫療儲蓄（medi-save）協助國民應付增加的收費。事實上，香港「直資學校」的設立，也可算是另一種形式的「私營化」。

問題之二，是「私營化」後的政府資產，經營的目的會否有改變？「領匯」設立後，經營手法跟隨的是私人市場的規律，着重的是消費者的「需求」（demand），而不是他們的「需要」（need）。「需求」和「需要」很多時難有清晰的分界，對部分市民來說，他們的需要

也常常成為自己的需求，決定的因素視乎他們的購買能力。公屋居民多屬中下階層家庭，他們要滿足的是基本生活的需要，只有少部分有經濟能力，在滿足基本生活需要以外，對高消費品有需求。因此，就是到了今天，公屋商場售賣的貨品，一般仍以滿足基層市民的生活需要為主。「領展」是上市公司，經營必須謀取最大利潤，所以在滿足居民生活需要的同時，「領展」也必須刺激居民的「需求」，商鋪才可增加邊際利潤；不過，這樣做，會否忽略居民基本生活上的需要？例如，「領展」經營的商場，可能多了超級市場，以前的雜貨店卻銷聲匿跡。換言之，公屋資產「私營化」，未必對居民帶來方便和利益。

　　問題之三，是公屋資產「私營化」背後的目的是什麼？是為了提高公屋商場的管理效率？是增加政府的收入？是讓公屋居民購物時有更多選擇？是「藏富於民」？讓市民透過「領展」而擁有政府的資產，一如市民也可以買賣「港鐵」股份？翻查資料，看來政府最初決定出售部分公屋商場給「領匯」，目的是要提高公屋商場的價值，及改善商場的經營效率。當時的房委會也因經濟不景氣正陷入財政危機，本身亦無法投資翻新公屋商場，解決辦法唯有借助市場力量，成立「領匯」，把政府資產「私營化」。這種轉移公屋商場營運和管理形式的做法，雖然可解房委會一時之困，但引申出來的諸多問題和爭議，至今仍未平息。公屋居民的生活是好了，還是壞了？今天未有定論。

「代用券」與社會服務管理

　　另一個要討論的問題，是「代用券」（voucher）與社會服務管理的關係。表面上，「代用券」屬於資源的運用，好像服務使用者拿了「代用券」，他們就可以在市場上購買服務，滿足自己的需要，多了選擇之餘，自己也有更大的話事權。不過，想深一層，如果政府提供或資助的服務，數量足以滿足全部合資格使用者的要求，政府又何需推行「代用券」？舉例說明：政府推行強迫免費教育初期，因政府沒有足夠學位滿足需要，只得向私立學校「買位」，但到了有足夠資助學位時，「買位」便取消了。「買位」與「代用券」，作同可說十分相似，分別是前者由政府直接購買服務，後者是政府給予使用者「代用券」，由他們自行購買服務；而兩者共通之處是，使用者得到的服務，都不是由政府直接管理，政府也沒有直接資助這些服務。

　　政府為什麼要推行「代用券」而不是直接提供或資助這些服務？其中重要的理由是：第一，政府不願擴大公營部門的範圍，免得政府直接管理的事務愈來愈多；第二，若然服務由政府直接提供，成本必然上升，因公務員的薪金及附帶聘用條件，一般都高於非公務員；第三，傳統以來，教育、醫療、福利等社會服務，多有非政府機構參與經營，若由這些非政府機構提供相關自資服務，並由政府透過「代用券」協助有需要使用服務的人士，不但可以避免公營部分過分膨脹，還可以較少資源達到更佳效果。當政府推出「代用券」時，還有其他藉口，例如社會

福利署推出「長者社區照顧服務券」及「長者院舍住宿照顧服務券」時，理由是「代用券」可以讓長者在使用服務時有更多選擇，也可在互相競爭的情況下，提升或改善市場上相關服務的質素。

　　「代用券」能否給予使用者有更多選擇及達到改善服務的目的，視乎以下兩個因素：第一，市場上真的有足夠的服務可供選擇嗎？例如，「長者社區照顧服務券」推行後，使用服務的長者發覺，可以在市場上購買的社區支援服務，多由非政府機構提供，私營的服務並不多見，結果拿了「代用券」，長者還是跟過往一樣，向非政府機構求助，與過往沒有「代用券」，分別不大。

　　第二，服務是否得到改善，關鍵在乎資源是否有增加。以「長者院舍住宿照顧服務券」為例，現在社會福利署提出的金額，水平在政府直接資助相關服務的數目之下，卻高於綜援長者入住私人院舍所付費用。明顯地，政府推行「長者院舍住宿照顧服務券」的目的，是希望拿了「代用券」的長者，入住私人院舍時，能要求經營者改善服務；政府也希望，在「代用券」的金額之上，使用者可以按照自己的經濟能力，加上自己的一份，進一步的促使經營者改善服務。這樣的構想能否達到目的，看來還須在實踐中驗證。但香港私營的福利服務，至今仍未能發展成為成熟的市場，政府也缺乏嚴格的監管條例和制度，所以在現行階段試驗「代用券」，看來長者難有選擇。而新增的資源，得益最大相信是服務經營者，並不是那些需要服務支援的長者。

香港社會服務管理的優點和缺點

總的來說，香港社會服務的管理，有優有缺，優點與缺點分述如下。

優勝之處：

1. 社會服務多由政府經營和資助，服務水平和質素有保證，無論服務由政府或非政府機構提供，使用者都可得到相同和符合標準的服務。

2. 社會服務推行時有嚴格的法例監管，市民可依據既定程序和制度，公平地享用服務。

3. 資源主要來自政府，市民使用社會服務成為他們享用的權利；市民不用擔心，享用權會受到執政者的更替而有改變。

限制之處：

1. 資源既主要來自政府，政策和制度也由政府制定，服務對社會變遷難免欠缺敏感度，未能洞察市民的需要而與時並進。

2. 管理和經營的責任，由政府和非政府機構共同負責，兩者的協調和溝通一旦出現問題和阻隔，難免影響服務的運用，受害的是服務使用者。

3. 監察制度常出現「外行領導內行」的情況，雖可增加外界對服務
的監管，但也令服務的管理變得複雜及欠缺方向。

第十章

結 語：
創造關愛和公平的社會

市民關注的民生福利議題

香港的民生福利制度有什麼獨特的地方？香港是高度發展和人口密集的工商業城市，社會發展過程中出現的問題和市民的需要，若然與世界其他大城市比較，實質上並沒有很大的分別。一般來說，住屋是最棘手和必須投入大量社會資源方可解決的問題。等待住屋條件改善了，市民開始注意自己的健康，也希望子女有更多和更好的教育，而自己生活的質素，乃至退休後的保障，也開始成為社會關注的議程。

香港的民生福利制度，於第二次世界大戰後慢慢建立起來。隨着經濟的高速發展，撥給各項教育、房屋、醫療，和福利等社會服務的資源不斷增加，市民對自己的生活也有更高的期望。經濟發展無疑給政府帶來更多資源以改善民生，政府也有條件為社會服務的未來作出規劃，雖然背後沒有什麼特別的理念，如西方的福利主義，但較完整的社會服務制度，隨着社會和經濟的發展，逐漸建立起來。對市民來說，社會服務改善了他們和下一代的生活，他們希望政府在這方面做得更多。

於是，在不知不覺中，香港的民生福利制度建立了本身的特色：住在公共房屋的，他們發覺付出的租金雖較市場低廉，但住屋條件不太理想，部分收入有了改善的居民，轉而購買「居者有其屋」。「居屋」不但讓基層市民有置業的機會，也構造了上進的階梯，間接的促進社會流動，讓低收入家庭逐步成為擁有自己物業的中產階層，對社會的穩定產生積極的意義。

　　經過半個世紀以來的發展，一般受薪階層的工資雖有增加，但他們要得到更多保障，卻必須努力爭取，勞工權益方可有改善的機會。最低工資的設立是少數成功的例子，強積金是政治妥協後的不理想安排。社會保障措施長期停滯不前，貧苦大眾可申請綜合援助，但金額偏低，而最近引入的「鼓勵就業交通津貼」及「低收入在家庭就業生活津貼」，只能避免大量基層市民在貧困邊緣生活，卻無法收窄香港日趨嚴重的貧富差距。其他為患病及殘疾人士而提供的治療及康復服務，永遠供不應求，而輪候的人數以萬計。

　　各項社會服務中，政府用於教育的資源最多，隨着幼稚園學費資助計劃的實施，十五年免費教育勉強的達成目標，但教育質素持續下降，令家長和社會人士憂慮，「直資學校」的出現也破壞了「有教無類」的傳統。結果，教師普遍不滿意，認為政府忽視他們從專業角度發出的訴求；家長也不滿意，認為教育制度沒有給予他們的子女優良的教育；社會也不滿意，認為用於教育的資源「物非所值」，培養不到香港需要的人才；學生也不滿意，感覺學校只會強迫他們應付考試，為學校增光。

　　香港的醫療服務，水平與其他經濟發達地區比較，有過之而無不及，但公立醫院要病人苦候的情況，卻為市民詬病，政府亦多年來無法解決醫療融資及公營與私營醫療系統分隔的問題。

民生福利政策定位不清晰

　　香港的社會服務出現了什麼問題？相信很難有單一的成因，關鍵問題所在：政府現在推行的民生福利政策，目標是要滿足全港市民的需要，還是集中應付部分無法滿足自己需要的市民？若要滿足全港市民的需要，猶如西方的「福利國家」，香港政府必須擁有更大的運用社會資源的權力，這卻不是現有簡單和偏低稅率的安排。

　　香港政府現在已用去百分之七十財政開支應付各項社會服務的經費，但就是比例這麼高，政府仍無法滿足市民在住屋、醫療、教育、社會保障和福利等方面的需求。單是醫療和福利服務，政府若要紓緩公立醫院病床的緊張情況，及使等候康復和福利服務的市民早日得到照顧，政府必須在這兩方面增加撥款百分之三十。其實，政府也明白，市民對醫療和康復服務的需求，政府是絕對無法承擔全部的責任，可是這麼多年來，政府雖不斷尋找可行的融資方案，但到今天為止，任何提議皆得不到市民的接受。

　　為了應付年長市民的經濟需要，政府於 2012 年引入「長者生活津貼」，每年支出增加八十多億元，但「全民退休保障」爭議仍未解決。2017 年，政府進一步改善「長者生活津貼」，加入「高額長者生活津貼」，令五十萬中下階層長者有穩定和可靠的收入，應付他們基本生活的支出。另外，按揭證券公司宣佈，將推行「公共年金計劃」；計劃推行後，有相當儲蓄的長者，不用擔心投資上的風險，亦可確保自己每月

有穩定的收入。至於市民最關心的住屋需要，欠缺土地供應是一大死結，但長遠來看，私人物業價格與市民購買力嚴重脫離，才是問題的核心。私人樓宇價格高企不下，顯示市民的住屋需求已不能倚靠市場的供求來平衡，也催生了市民對「地產霸權」的憎恨。

　　表面上看，香港各項社會服務加起來，已類似「福利國家」制度的模式，唯一不同的是，香港沒有供款性計劃（強積金只是強迫個人儲蓄）。香港有「福利國家」的形貌而欠缺其實效，原因是稅率偏低，靠的又主要是與金融和地產相關的稅款，而金融和地產都是大起大落的行業，造成政府的稅收收入極不穩定，有豐厚的財政儲備也不敢用於經常性開支。結果，社會服務的發展追不上需求，政府訂下的政策和規劃也多未能達成目標；政府就算說自己只服務有需要的市民，但實際情況是服務數量嚴重不足，市民享用社會服務的權利變得「有名無實」。

　　香港市民從來沒有強烈的「福利主義」意識，也不認為社會服務應全由政府包攬；所以社會服務要收費，只要不太高，市民不會抗拒。

　　同樣地，社會服務要「私營化」，只要市民本來享有的權益不會受到損害，市民不會盲目反對。其實，香港的社會服務一向保持相當的私營成分，即社會服務從來不是全都由政府資助和管理，無論是教育、醫療和福利等服務，民間組織的參與極為普遍。所以，就是政府要進一步推行「私營化」，多些運用市場供求機制，如提高收費，增加「外判」成分，或「錢跟服務者走」等，也不會對現行制度帶來根本性的改變。

清楚界定政府的責任

　　市民對政府的責任，可說從來沒有幻想，他們知道香港不是「福利國家」，就算政府過去作了一些無法實現的承諾，例如港督麥理浩曾答應市民，香港每個家庭都應有獨立的居住單位，或董建華的「八萬五」建屋計劃，市民知道計劃和目標無法達成時，他們也只好無奈的接受。

　　到了目前階段，政府要清楚劃分自己在社會服務上的責任並不容易。例如政府現在提供的醫療服務，政府再不能說回頭，例如醫療服務只為部分市民而設，這種講法不會得到市民的認同。不過，在市民的心裏，他們也知道，政府的責任也非全無止境，就是公立醫療服務，市民有病也不會只向公立醫療系統求診，只要經濟條件許可，他們也會使用私家醫療服務。市民明白，在現在稅率偏低的情況下，政府也無法「從搖籃到墳墓」──滿足他們的需要，政府最終的責任還是有限制的。

　　政府雖無法清楚劃分自己的責任，這並不是說，政府不可以更積極的為市民多做一些事，改善市民的生活，尤其當政府擁有巨額儲備時，若然說政府只可「應使則使」，實在令市民失望。梁振英出任行政長官時，常常掛在嘴邊的一句話是：政府必須「適度有為」，但什麼是「適度有為」？梁振英沒有說清楚。一個有為的政府，應該為市民提出解決問題的辦法，並且進一步向市民指出政府未來要走的路，給予市民願景和盼望。

　　過往政府被市民詬病的地方，是面對問題和矛盾時，反應一般是

「頭痛醫頭、腳痛醫腳」，推行的措施不但拖泥帶水，更且浪費資源、事倍功半。為什麼政府給予市民的印象這樣窩囊？政府真的這樣不濟嗎？我們不是常常聽說：香港政府有很高的管治能力，香港公務員是世界第一流嗎？沒錯，香港公務員能幹和專業是公認的，政府的管治效率也有目共睹，但政府給予市民的印象，卻不是靠政府的日常運作來決定的。政府可以行政十分有效率，但並不會因此得到市民的支持，畢竟公務員服務市民，是他們的職責所在，做自己應該做的事，不應期望市民「感恩圖報」。

特區政府要得到市民的支持，必須給予市民盼望和願景。正如中國自改革開放以來，首先是承諾人民脫離貧窮和落後，到發展到了中期，目標是國家達到「小康社會」的水平，而近年更進一步，推動國家從發展中的經濟體，逐步走向均衡和成熟的經濟模式。香港特區政府就是欠缺這樣的長遠發展目標和願景。

政府現在應該做的，是為民生福利政策制定清晰的發展方向，並撥出資源落實計劃。例如，為了提升公立醫療服務，政府已預留二千億元，但這二千億元在未來十年將會為香港的公立醫療制度帶來怎樣的新境界？沒有官員說得明白，市民也不知應有怎樣的期待。又如房屋建設，市民只知政府要尋覓土地，在未來十年興建四十八萬個居住單位，但十年後，市民的住屋需求會解決嗎？他們真的可以看到自己的住屋困難得到紓緩嗎？

特區政府給予市民清晰的願景和藍圖

總結而言，香港的民生福利政策，實在無法運用傳統的福利模式來分類，什麼「剩餘模式」、「結構式重分配」、「第三條道路」、「公私營結合」等，都無法形容香港的民生福利制度。唯一較能表達香港的情況，是社會政策學者譚馬斯（Richard M. Titmuss）所講的：政府為市民提供「一視同仁」的社會服務，讓他們得到基本的生活保障，患病時得到治療，有合理的居住及工作環境和條件，每人都有發展的機會，但在這個平台以上，各人過着怎樣的生活，必須交由他們自己來決定。

社會服務是成本昂貴的服務，無論費用由個人或集體（政府）承擔，社會上總得有足夠資源；至於服務是由個人還是集體支付，帶來的效果和意義南轅北轍。民生福利政策的制定，正是要在這不同當中尋求最可能和妥善的辦法。政策如何才符合最多數人的利益？並不容易找到答案。人們最通常的想法，不是低估了個人的責任，便是高估了政府的能力。香港社會服務經過半世紀多以來的發展，成就有目共睹：公共房屋使一半人口有個安樂窩，普及教育使基層年輕一代有上進的機會，公立醫療服務使患病市民得到適當治療，福利服務使「鰥寡、孤獨、廢疾者」得到幫助。以上是一般市民可以看到的成就，但社會服務背後所要傳達的精神，才是締造令香港今天有這樣成就的重要元素，這些包括：市民對弱小的關懷，服務所建基的公平制度，讓生活在這裏的市民擁有發展的平台，政府施政不偏袒富人，及積極扶助弱者。香港必須保留和

強化這些元素，否則在急劇轉變的環境中，難免出現混亂和震盪，香港也難保有長期的和諧和穩定。

在本書結束時，還想提出兩個觀點：第一，發展是由經濟發展和社會發展兩方面所組成的，但香港政府和市民，一般只看經濟發展，常說「餅造大了」，問題便可解決。這是錯誤的！歷史證明，資源增加了，若分配不平均，使用不得其法，只會在社會上製造更大怨氣，使市民更不滿意政府的表現。如何取得市民的信任？政府不要再迷信經濟發展是唯一的靈丹妙藥，只有均衡的社會和經濟發展，才會給香港社會帶來穩定和進步。

第二，社會服務的功能，並不限於滿足市民在教育、住屋、醫療和福利等方面的需要，更重要是表達了市民對需要者的關懷，也給普羅大眾明確的信息：香港是講公平的，是有愛心的，是重視操守的，是對人抱有盼望的。

專題分析

【專題分析 1】

人口政策‧新移民‧婚姻與家庭

2016 年香港人口統計數字

香港的人口政策有兩大關注點：一是人口急速老化，二是家庭組合變化引伸的問題。但在討論如何應對這兩個問題之前，我們要先了解一些具體的數字，包括人口老化的速度、婚姻及家庭出現的變化、香港本身的生育率、死亡率、移民出入等數字。

2017 年 2 月，政府統計處發表了 2016 年中期人口普查的簡要結果。根據 2016 年中期人口統計的結果，2016 年 6 月底香港人口的數目是 7,336,585 人，其中 7,116,829 人是常住居民，219,756 人是流動居民。回歸以來，香港人口的增長每年低於 1%，居港人口的數目從 2015 年的 6,813,200 增加至 2016 年的 7,336,600，速度十分緩慢（附表 1.1）。

人口普查結果顯示的另一現象，是香港人口持續老化，年齡中位數由 2006 年的 40.1 歲上升至 2016 年的 44.3 歲。2016 年，香港 65 歲以上人口在總人口所佔的比例是 16.6%，2006 年是 12.8%，2011 年是 13.8%（附表 1.2）。老年人口的增加，意味香港的生育率持續偏低。1994 年每千名香港女性相對 1,355 名「活產嬰兒」，下跌至 2003 年

901 名的歷史低位，其後逐漸回升至 2014 年的 1,234 名，但仍嚴重低
於正常的 2.1 名更替水平。另一老年人口比例增加的原因，是香港死亡
率持續下降，平均預期壽命因而上升。2014 年，香港男性的出生時的
預期壽命為 81.2 年、女性為 86.9 年；推算到 2064 年，男性預期壽命
為 87.0 年、女性為 92.5 年。

附表 1.1　香港歷年人口數字
（2005－2016）

各年（年中）	居港人口（對上一年的增幅 %）
2005	6,813,200（＋ 0.4%）
2006	6,857,100（＋ 0.6%）
2007	6,916,300（＋ 0.9%）
2008	6,957,800（＋ 0.6%）
2009	6,972,800（＋ 0.2%）
2010	7,024,200（＋ 0.7%）
2011	7,071,600（＋ 0.7%）
2012	7,150,100（＋ 1.1%）
2013	7,178,900（＋ 0.4%）
2014	7,229,500（＋ 0.7%）
2015	7,291,300（＋ 0.9%）
2016	7,336,600（＋ 0.6%）

附表 1.2　按年齡組別劃分的人口（不包括外籍家庭傭工）
（2006、2011 及 2016）

年份	2006		2011		2016	
年齡組別	數目	百分比	數目	百分比	數目	百分比
0－14	939,675	14.1	823,560	12.1	830,455	11.8
15－24	880,175	13.2	860,002	12.6	776,709	11.1
25－44	2,162,115	32.4	2,011,406	29.5	1,969,836	28.1
45－64	1,842,638	27.6	2,181,224	32.0	2,275,323	32.4
65+	852,594	12.8	941,100	13.8	1,162,467	16.6
總計	6,677,197	100.0	6,817,292	100.0	7,014,790	100.0
年齡中位數						
男	39.9		42.0		43.7	
女	40.2		42.6		44.8	
合計	40.1		42.4		44.3	

　　三十五年前，即 1982 年，聯合國在維也納舉行首次「世界老年會議」（World Assembly on Ageing）。關於人口老化的標準，聯合國的定義是：如果一個國家或地區 65 歲人口在總人口中佔超過 7%，這個國家或地區已進入成熟期（mature stage），亦即人口開始老化。會議的另一個結論是：根據過往的經驗，經濟發達地區從開始步入老化階段，到 65 歲以上人口在人口中佔去四分一，需時約半個世紀；但發展中地區因可受惠先進衛生和醫療發明的成果，人口壽命在較短的時間內得以

延長，人口老化速度相對的急速。換言之，發展中地區 65 歲以上人口從總人口的 7% 升至 25%，未必像先進國家需時五十年，三十年便完成了。

香港人口老化可怕嗎？

　　香港人口老化的情況如下：1986 年時，香港 65 歲以上人口佔總人口 8%，正好踏入聯合國界定的老化階段；三十年過去了，現在是 16.6%。根據統計處的推算，香港到 2064 年，老人所佔比例會達到總人口的 36%。香港人口老化的速度其實已相對地緩慢，原因是香港人口的預期壽命雖居世界首幾名，生育率也異常偏低，但香港是少數地區，人口增長主要由移入的人口構成。2016 年，香港人口總數是 733 萬，當中在本地出生的只佔 60.7%，有四成居民是在香港以外地方出生（附表 1.3）。一般來說，新移入的人口年紀較年輕，戰後逃來香港的大陸難民是這樣，從 1980 年按照配額來港定居的內地居民，年齡也多在香港人口年齡中位數以下；換言之，香港戰後的七十年，其實都不斷吸納相當數目的年輕人加入，結果拖慢了香港人口老化的速度，令香港相對地年輕。

　　談到人口老化，很多時提出的相關關注，就是老年撫養比率也將上升（附表 1.4）。去年討論香港退休保障的未來發展時，政府官員曾以老年撫養比率上升帶來的財政壓力，否決推行全民退休保障制度：認為到了 2064 年，香港人口三個之中即有一位是長者，若然要求年輕一代供

養老年人，負擔太沉重，對他們並不公平。這種講法對嗎？

附表 1.3　按出生地點劃分的香港人口
（2006、2011 及 2016）

出生地點	2006		2011		2016	
	數目	百分比	數目	百分比	數目	百分比
香港	4,138,844	60.3	4,278,126	60.5	4,451,493	60.7
中國內地 / 澳門 / 台灣	2,298,956	33.5	2,267,917	32.1	2,272,293	31.0
其他地方	426,546	6.2	525,533	7.4	612,799	8.4
總計	6,864,346	100.0	7,071,576	100.0	7,336,585	100.0

附表 1.4　香港歷年的撫養比率（不包括外籍家庭傭工）
（2006、2011 及 2016）

撫養比率	2006	2011	2016
少年兒童撫養比率	192	163	165
老年撫養比率	175	186	231
總撫養比率	367	349	397

　　首先，撫養比率只是一種極為粗糙的計算，與現實情況有很大距離。例如，撫養比率的計算是假設 15 至 64 歲的人口都參與勞動生產，65 歲或以上的則全需別人撫養，但實際的情況是，今天 15 歲以上的青年仍在學的佔了絕大多數，65 歲以上仍就業的並非罕見。因此，根據

老年撫養比率上升的數字，認為全民退休保障將對政府的財政開支造成無法承擔的壓力，並不是合乎科學的說法。另外，勞動人口的減少，並不一定代表將會拖慢經濟增長的幅度，因經濟增長並不單靠勞動人口的數字，更在於勞動人口的生產力是否得到提升；很多經濟發達國家為了避免經濟走下坡，都以提升國民的生產力作為應對的方法。

新移民流入是正常現象

香港人口的增長既主要來自移民的流入，新移民的數目和特徵，如性別、年齡、學歷等，對香港的經濟和社會的發展，產生的影響並不在出生率和死亡率之下。對於新移民的流入，社會上常有兩種不同的看法：一是新移民補充了香港缺乏的勞動力，特別是按照單程簽證從內地移居香港的居民，他們以中年婦女居多，雖然學歷不高，但正是香港最渴求的勞動力。除中年婦女外，兒童在新移民中佔相當比重，他們將是香港的「生力軍」，尤其當香港本身的出生率異常偏低，沒有這些新移民兒童加入，香港人口老化的速率將更加厲害。

另一種意見，認為新移民多屬中下階層，他們來了香港，將增加香港原已短缺的房屋、教育、醫療和福利服務承受的壓力，降低本土居民的生活質素，而他們的生活方式，更會令香港加速的「內地化」，破壞香港原有的制度和港人所持的價值觀念。

在此之外，更有人擔憂政府自「沙士」以後引入的「優才」和「專才」移民計劃，將會令香港變得「面目全非」，不再是港人以前認識的香港。

　　哪種講法較有道理？未作結論之前，先看具體和真實的數字。附表 1.5 說明，過往十年，持單程證來港的新移民，2006 年是五萬四千多人，大概用盡了每天一百五十人的配額，但自此以後，除了 2012 年，每年來港定居的新移民，維持在三、四萬人間，數目明顯有下降的趨勢。

附表 1.5　香港歷年的單程證持有人移入數目
（2006－2016）

年份	單程證持有人的移入數目
2006	54,170
2007	33,865
2008	41,610
2009	48,587
2010	42,624
2011	43,379
2012	54,646
2013	45,031
2014	40,496
2015	38,338
2015 年年中至 2016 年年中	46,700

　　另外，根據入境處發放的數字，九成以上持單程證的新移民，都是基於家庭團聚的理由申請來港，並非如一些反對者聲稱，新移民是為了

某些特殊原因來港定居。只要是為了家庭團聚來港定居，單程證由特區政府或內地政府負責審批，其實分別不大，難道我們情願看見香港居民的家庭分隔香港和內地，而不讓他們有團聚的機會？這實在不合乎人道精神，對香港的發展也沒有好處。

毫無疑問，新移民多屬中下階層，他們對社會服務的需求較本地居民為大，這種情況在其他社會都非常普遍，香港也不應因內地來港的移民經濟條件差而拒人於千里。事實上，數字顯示（附表 1.6），新移民領取綜援的人數，2003 年高峰時只佔綜援受助人數的 13.8%，其後不斷下降，近幾年不到二萬人。其他關於新移民的調查也說明，新移民來港後，一般生活較貧乏，但他們多努力找尋工作，改善自己和家人的生活，倚靠綜援和其他福利服務的數目，在他們成為永久性居民以後，已與本地居民沒有太大分別。

至於按照其他理由獲得留港簽證的移民，附表 1.7 顯示：「一般就業政策」的人數最多，每年有二、三萬人，「內地人才計劃」每年約有六千至九千人，「優秀人才計劃」只得幾百人，另「投資者入境計劃」每年有幾千人。上述獲得留港簽證的人士，因他們的經濟條件較佳，學歷也較高，看來對杳港公共服務的供應不會增加壓力，至今並沒有在社會上引起激烈爭議。

附表 1.6　香港歷年的綜援受助人數
（2001－2014）

年份	綜援受助人數	新來港人士綜援受助人數
2001	397,468	58,576
2002	466,868	69,345
2003	522,456	71,927
2004	542,017	72,816
2005	539,963	60,178
2006	521,611	47,732
2007	496,922	35,677
2008	475,625	28,316
2009	482,001	24,925
2010	466,006	19,127
2011	443,322	17,253
2012	418,768	14,843
2013	394,907	13,105
2014	381,307	19,127

附表 1.7　入境處簽發不同「人才入境計劃」簽證數目
（2008－2015）

年份	2008	2009	2010	2011	2012	2013	2014	2015
一般就業政策	26,466	20,988	26,881	30,557	28,625	28,380	31,676	34,403
輸入內地人才計劃	6,744	6,514	7,445	8,088	8,105	8,017	9,313	9,229
優秀人才入境計劃	564	593	329	286	298	332	371	208
資本投資者入境計劃	1,547	2,606	2,971	4,187	3,804	3,734	4,855	2,739

婚姻與家庭的轉變影響深遠

　　另一影響人口政策的因素，是香港家庭和婚姻的狀況。香港地狹人稠，居住的情況異常狹窄，所以除了上世紀的五、六十年代，香港的家庭結構並不像傳統的想法，幾代同堂是少數例子，更多是每戶人數較少的核心家庭。自從政府大規模發展公共房屋，每個住屋單位居住人數逐漸下降，近年一至二人住戶的數目更直線上升。附表 1.8 顯示，2016年，住戶的總數約為 251 萬個，其中一及二人住戶的數目是 44.8%。住戶平均人數減少，反映市民對住屋的需求增加，因分戶成為社會大趨勢，以前是五、六個家庭成員組成的住戶同住一個單位，現在可能分為兩至三個不同的住戶。

　　為什麼香港住戶的平均人數愈來愈少？答案十分簡單，是香港的家庭結構起了變化。今天，核心家庭佔了絕大多數，其中由夫婦及未婚子

女組成的家庭最為普遍，2016 年時佔了 36.7%。不過，更值得留意的趨勢是，單人住戶的數目明顯增加，2016 年在總住戶中佔了 18.3%（附表1.9）。這種情況的出現，除了人口老化導致單身長者的數目增加外，也反映了個人對自己生活空間要求的轉變：今天年輕一代都希望擁有自己的居住單位，就是未曾結婚的，也多不願與父母同住。這種價值觀念的改變，對制定香港的青年、家庭、安老等政策，都帶來深遠的影響。

附表 1.8　按住戶人數劃分的家庭住戶數目
（2006、2011 及 2016）

年份	2006		2011		2016	
住戶人數	數目	百分比	數目	百分比	數目	百分比
1	367,653	16.5	404,088	17.1	459,015	18.3
2	535,846	24.1	597,697	25.2	665,840	26.5
3	517,108	23.2	575,316	24.3	611,489	24.4
4	504,895	22.7	501,845	21.2	489,833	19.5
5	213,896	9.6	212,527	9.0	201,577	8.0
6+	87,148	3.9	77,323	3.3	81,980	3.3
總計	2,226,546	100.0	2,368,796	100.0	2,509,734	100.0
家庭住戶平均人數						
	3.0		2.9		2.8	

附表 1.9　按住戶結構劃分的家庭住戶數目

（2006、2011 及 2016）

住戶結構	2006		2011		2016	
	數目	百分比	數目	百分比	數目	百分比
核心家庭住戶						
由夫婦所組成	314,973	14.1	354,492	15.0	387,907	15.5
由夫婦及未婚子女所組成	919,350	41.3	934,215	39.4	920,008	36.7
由父或母親及未婚子女所組成	256,228	11.5	282,629	11.9	297,731	11.9
小計	1,490,551	66.9	1,571,336	66.3	1,605,646	64.0
親屬關係住戶						
由夫婦及其中至少一個父或母親所組成	24,639	1.1	27,037	1.1	29,816	1.2
由夫婦、其中至少一個父或母親及其未婚子女所組成	88,524	4.0	88,478	3.7	89,102	3.6
由其他親屬關係組合所組成	206,251	9.3	227,136	9.6	265,898	10.6
小計	319,414	4.3	342,651	14.5	384,816	15.3
其他住戶						
單人住戶	367,653	16.5	404,088	17.1	459,015	18.3
非親屬關係住戶	48,928	2.2	50,721	2.1	60,257	2.4
小計	416,581	18.7	454,809	19.2	519,272	20.7
總計	2,226,546	100.0	2,368,796	100.0	2,509,734	100.0

　　為什麼香港的家庭結構出現改變？這與香港的婚姻狀況有密切關係。首先，香港結婚登記的數目近年維持在五、六萬宗間，2015 年的數字是 51,609 宗，其中香港與內地的跨境婚姻是 17,953 宗，佔 35%（13,123 宗新郎為香港人而新娘為內地人，4,830 宗新娘是香港人而新郎為內地人）。明顯地，從跨境婚姻的數字，可見男性港人有較高結婚的機會，女性較低（2016 年已婚 15 歲以上的男性是 61.7%，女性是 55.3%）。另一與婚姻狀況有關的現象，是香港的離婚和再婚的數目，同時有上升的趨勢：2013 年的離婚數目是 22,271 宗，再婚（包括新郎或新娘或雙方）的數字，2014 年佔結婚登記總數的 34.1%。換言之，香港單親家庭及同父異母，或同母異父的情況將更普遍。

人口政策的基本概念

　　有了以上關於香港人口的數字，討論人口政策的制定便有基礎而不流於空談。首先，人口政策重要嗎？人口規劃的目的是：訂立政策，營造一系列人口發展的條件和方向，令人口內的每一個人和家庭，皆能有合適的居住和社會環境，滿足自己的需要，並各自發展其所長，共同創建美好的未來。因此，人口政策要做的事，第一是預計未來人口的變化，從而推算未來可能出現的不同家庭組合，及這些家庭組合在生活、學習和工作、消閒娛樂、文化藝術等領域的需求，政府從而作出長遠的社會、經濟、文化發展的規劃。

　　簡言之，人口政策絕非單純為了阻止或拖慢人口老化的過程，或

為了增加勞動人口的數目，而是積極的為未來的人口，籌劃一個理想的環境和社會狀況。人口政策一旦制定下來，隨之要做的事，是落實各種措施，讓不同的家庭組合和社群，各自發展所長、互補不足。這樣，社會才會健康成長，發展才會平衡，生活才會得到滿足。無可否認，要制定這樣的人口政策並不容易，但人口政策若然欠缺理想和目標，便很容易變成一堆數字；所謂人口政策，只不過是一場數字遊戲，只見樹木、不見森林。

一般而言，人口政策的制定必須考慮以下因素：第一，是價值觀念的轉變。人口政策既與「人」有關，人是活着的，有自己的思考和理想，而隨着客觀環境的轉變，人的想法也不斷在改變。舉個例子說明：中國人的傳統觀念是多子多福，但近年香港年輕夫婦都不願生孩子；又如過往對孩子的想法是「天生天養」，但今天父母要求的是優質的教育。觀念上的轉變，今天已不容易掌握，更不要說十年、二十年後可能出現的改變，尤其在全球化和一體化後，人的價值觀念早已變得十分模糊，以後的人會有什麼想法？他們會有什麼行為表現？今天只能盡力作出預測，並隨時代不斷修改。

第二，人的思想既無法捉摸，也無法固定下來，但可以肯定的是：生命有開始，也必有終結的一天。所以，正如人有生、老、病、死，人口也有本身自然的演化——開始時，人口總是以年輕人佔多數，過了二三十年，不同年齡組別的人口數目變得平均，再到了人口成熟期，老年人口逐漸佔多數。人口政策並非要扭轉這個演化過程，而是確保在這過程中，某個年齡組別的人不會突然多起來，或到了某個時期，

不同年齡或性別的比例出現嚴重不平衡。也就是說，人口必須有秩序的發展，而最基本的條件，是人口本身有自我更生或恢復活力的能力（rejuvenating power）。

　　一般而言，人口要有穩定的發展，婦女必須平均生 2.1 個孩子，即一般所講的「替代率」（replacement ratio），這樣才有足夠的新生一代來替代上一代。今天，大部分經濟發達國家和地區，由於出生嬰兒數目不斷下降，無法達到本身「替代率」的要求，為了補充勞動人口不足，就必須採取補救措施。

　　第三，除了提高人口的自我更新能力外，其次要做的事，是盡量減低外來人口帶來的衝擊，也就是控制人口中移出和移入的數目，盡量避免出現大起大落的情況。不過，在特殊情況下，「衝擊」無法避免，就如香港，無論是移出或移入的人口，過去都曾出現變數。例如，在上世紀八十年代，香港移居外地的人口驟然急升，為了補充流失的專業人才，政府其後大量增加專上學位的數目；措施雖然有點遲了，未能完全彌補人才的損失，但政策上總算走對了路。

香港有人口政策嗎？

　　直接一點來說，香港政府並沒有什麼人口政策，只是在特別的情況下，政府訂出一些與人口發展有關的措施。例如，鑒於出生率持續偏低，政府曾訂立「家庭友善政策」，鼓勵僱主多考慮僱員的家庭需要，但政策並不持久，效果也不顯著。到 2003 年，為了恢復經濟的活力，

政府發表一份與人口政策有關的諮詢文件，但這份文件，對香港人口的發展並沒有規劃，更不是為人口訂立政策，只是為經濟發展引入專才和投資移民，及限制新來港人士可享的福利。這樣的政策，又是怎樣的人口政策？

香港天主教會在 2011 年《對未來特區政府的一些期望》的聲明中曾說：「為解決人口問題所引發的社會矛盾，特區政府應制訂一套長遠和合理的人口政策，不應單以經濟利益為考慮，須貫徹以民為本的精神，顧全每一個社群的福祉。」天主教會的批評，何等一針見血！其實，專才計劃及後來的優才計劃，雖然每年吸引了萬名主要是內地居民來港定居，但他們拿了香港居民身份證和特區護照後，不少便返回內地或往外國跑，所謂移民香港，只是貪圖旅遊上的方便；留在香港工作的，也不見得對香港的產業發展有貢獻，亦不能提升香港的國際地位。

到 2006 年，政府成立「可持續發展委員會」，責任之一是訂立長遠的人口政策。人口政策既然撥歸「可持續發展委員會」討論，人口政策應以可持續發展（sustainable development）的概念為主軸。然而，什麼是可持續發展？怎樣把持續發展的理念應用於人口政策？《可持續發展諮詢文件》發表後，政府曾就人口政策的討論舉辦公聽會，當時市民發表的意見：一些認為可持續發展就是鼓勵年輕夫婦多生孩子；一些認為政府不應因勞動人口不足而輸入外地勞工；一些認為政府應妥善安排選擇回內地養老的香港居民有合理的生活。

諮詢期過後，政府並沒有正式的文件交代，只知政府成立內部工作小組繼續跟進和研究。到 2012 年夏，政務司司長作為人口政策督導

工作小組的主席，公佈工作小組經過多年研究所得的報告，但因換班在即，並沒有市民關注這報告的內容，新行政長官上任後也不再提了。

以人為本的人口政策

以上引用香港天主教會發表的文件，認為長遠和合理的人口政策單單考慮經濟利益是不足夠的，必須以人為本，照顧社會每一階層。對政府現行的移民政策，文件批評說：「只着重移民帶來的經濟效益，而忽視了以人為本的人文價值」，「現行政策非但沒有令社會更和諧和融合，反而製造了更多社會矛盾」。批評十分公允！因政府推行的政策，最嚴重的錯誤是，凡事只「向錢看」，就是香港天主教會講的以經濟利益為先。這種政策的壞處是：投資移民來了，市民卻看不見他們創造了多少個新職位，卻知他們搶高了樓價；專才和優才來了，他們對香港的發展貢獻了些什麼？市民完全看不見。

人口政策應該是：以人為本（people centered），以家庭為重心（family focused），以促進社會凝聚（social solidarity）為果效。以人為本的人口政策，就是以人為策劃的根本，考慮的是人的不同需要，不是應付政治上的要求，也不是單純為了支援經濟的發展。所以稱為以人為本，因不同年齡組合的人口需求都不一樣，年長市民與年輕夫婦對房屋的需求，情況是有分別的。所以，以人為本的人口政策，首先要明白的，就是每個人的需要並不一樣。

其次，人口政策必須以家庭為重心。家庭是香港社會最基本的組成

單位，任何破壞家庭完整性的措施都應除去。在上世紀八十年代，短短的五、六年間，差不多五十萬港人移民離開香港，造成數以萬計家庭連根拔起或成員分隔兩地，破壞了原有的完整性；政府當時並沒有應對措施，香港的家庭制度從此走下坡，變得十分不穩定。九十年代中開始，內地居民合法移居香港的數目，從每天 75 人增加至 150 人，其中以家庭團聚為理由的佔了絕大多數；那時理應制定合適的人口政策，以確保新移民家庭可在香港穩定下來，但政府不但沒有這樣做，反而採取措施限制新移民享受福利的權利，明顯違背以家庭為重的人口政策。

最後，人口政策必須有利於社會凝聚，因為市民有共同點才會自然地走在一起。以母親為內地居民而父親為香港居民的「單非」孩子為例，他們的待遇應從出生那天便與本地孩子完全看齊。政府在政策上，不但不應擴大兩者的分別，更應把分別消除，這樣才可使不同背景的市民凝聚起來。在社會凝聚方面，政府做的明顯不夠。香港市民本來並沒有很強的階級意識，但政府近年推行的措施，不但沒有促進不同階層的融合，且在有意無意間把市民分隔了。例如，政府實施的房屋政策，有一段時間，公屋只能在偏遠的新市鎮興建，年輕人要置業，只能選擇元朗、東涌、馬鞍山和將軍澳等新發展區，形成不同階層地域上的分隔，有礙社會融合。

總括以上討論，香港要訂立人口政策，必須考量以下人口發展的趨勢：

香港人口將持續老化；出生率大致保持穩定，但遠遠不能達到「替代率」的要求；勞動人口將減少，提高生產力刻不容緩；人口增長主要

依賴新移民的流入，來港定居人士的學歷、技能等皆有上升的趨勢。

　　香港家庭住戶的數目增加，但每戶人數持續減少，顯示一、二人住戶數目正上升。核心家庭的組合最為普遍，但不同型式的家庭組合的數目正增加，政府必須訂立政策，應付不同家庭型式和組合的需要。

　　香港男女結婚的數字雖保持穩定，但離婚和再婚的數字有增加的趨勢，影響所及，家庭成員的關係變得複雜，政府必須正視由此產生的需要，並推動相關政策以應對觀念上的轉變。

　　總而言之，具體的人口數字只能作為政策制定時的參考，更重要的是，訂立一套「以人為本、以家庭為重心、以促進社會凝聚」為目的的人口政策，並貫徹的執行，最終達至讓每一個人和家庭，都能在合適和理想的環境下成長和發展，創造和諧和富關懷和公義的社會。

【專題分析 2】
收入分配・公共開支・貧富不均

　　香港是資本主義社會，而資本主義社會的特色之一，是居民的收入分配並不平均。有評論認為，生活在香港的市民，只會「貧者愈貧、富者愈富」。實情是這樣嗎？也有評論認為，「工字不出頭」，打工的真的沒有出人頭地的一天嗎？這樣，政府可以做些什麼來減少收入不平均的現象？香港特區政府現在擁有超過九千億元的財政儲備，過去做了些什麼改善低下階層市民的生活？香港貧富不均的情況嚴峻到了怎樣的程度？會危害香港的穩定嗎？政府推行的措施能有效解決貧富懸殊的問題嗎？

　　以上提出的，都是社會上看到的深層次矛盾，涉及的範圍十分廣闊和複雜，包括香港的經濟結構、政治權力的分佈、政府的管治方式、社會的文化傳統和觀念等，並不是單憑一個專題分析可以解釋清楚。這裏能夠做到的，是提供一些基本的概念和數字，並結合本書各章的論述，幫助讀者對收入分配和公共開支相關的問題，有初步的理解和認識。

香港勞動人口的數目和特徵

　　2016 年中期人口普查結果顯示，香港的工作人口共 3,419,107 人。

若以 15 歲及以上的勞動人口分析，男的勞動人口參與率是 68.4%，女的是 50.0%，可見勞動力若然出現短缺，提高女性勞動人口的參與率是可行的辦法，但要達到這樣的效果，政府必須作出一連串協助女性就業的措施，例如增加幼兒院的數目及提高女性就業的保障等。

　　教育程度方面，隨着專上教育普及化，香港整體人口的教育程度有所提高：曾經接受中學或以上教育的 15 歲及以上人口的比例，由 2006 年的 75% 增加至 2016 年的 80%，而曾經修讀學位課程的比例，由 2006 年的 15% 上升至 2016 年的 22%，升幅十分顯著（附表 2.1）。香港人口的教育程度雖有上升，但看來並沒有收窄收入分佈不平均的差距：以 2016 年的數字作為例子，三百四十多萬的工作人口中，佔了 18.6% 每月在一萬元以下，收入在一萬至二萬元間的佔了 43.9%（附表 2.2）；換言之，香港工作人口中，差不多三分之二月入在二萬元以下。

　　至於工資中位數，2006 年時是一萬元，2011 年增加至一萬二千元，2016 年是一萬五千五百元，增幅扣除通脹的因素，香港工作人口的薪金，在過去十年只有輕微的增長。另一方面，薪金在四萬及以上的，2006 年時佔工作人口的 6.7%，2011 年是 9.8%，2016 年上升至 14.0%。另一組相關的數字，是家庭住戶的收入：2006 年全港家庭住戶每月收入的中位數是 17,100 元，2011 年增加至 20,200 元，2016 年是 24,890 元；2011 年至 2016 年的增幅，明顯較對上五年大些。

　　無論是工作人口的收入，或家庭住戶的收入，分佈情況是底部廣闊，中間收窄，頂部橫向擴張。簡單來說，比對 2006 至 2016 年收入分佈的數字，中低收入人士和家庭佔了大多數，而一般稱的中產階層，

附表 2.1　按教育程度（最高就讀程度）劃分的 15 歲及以上人口 （不包括外籍家庭傭工）（2016）

教育程度	2016	
	人數	百分比
小學及以下		
未受教育 / 學前教育	350,953	5.7
小學	921,327	14.9
小計	1,272,280	20.6
中學		
初中	1,043,270	16.9
高中	1,815,089	29.3
小計	2,858,359	46.2
專上教育		
文憑 / 證書	354,617	5.7
副學位課程	293,841	4.8
學位課程	1,405,238	22.7
小計	2,053,696	33.2
總計	6,184,335	100.0

附表 2.2　按每月主要職業收入劃分的工作人口
（不包括外籍家庭傭工）（2006、2011 及 2016）

每月主要職業收入（港元）	2006		2011		2016	
	數目	百分比	數目	百分比	數目	百分比
< 2,000	65,534	2.1	61,935	1.9	43,583	1.3
2,000 − 3,999	149,921	4.7	110,714	3.4	78,813	2.3
4,000 − 5,999	318,839	10.1	159,539	4.9	99,300	2.9
6,000 − 7,999	459,650	14.6	362,962	11.1	130,754	3.8
8,000 − 9,999	417,967	13.2	454,218	13.9	283,102	8.3
10,000 − 14,999	693,500	22.0	754,368	23.0	891,262	26.1
15,000 − 19,999	354,073	11.2	411,534	12.6	572,777	16.8
20,000 − 24,999	222,694	7.1	284,518	8.7	372,665	10.9
25,000 − 29,999	114,064	3.6	141,632	4.3	190,703	5.6
30,000 − 39,999	150,717	4.8	216,243	6.6	277,029	8.1
40,000 − 59,999	115,948	3.7	173,003	5.3	247,662	7.2
≥ 60,000	94,930	3.0	147,899	4.5	231,457	6.8
總計	3,157,837	100.0	3,278,565	100.0	3,419,107	100.0

每月主要職業收入中位數（港元）

	2006	2011	2016
	10,000	12,000	15,500

註：數目不包括無酬家庭從業員。

部分呈現「向下流」的趨勢（或稱「M 型社會」現象），其中少數上升成為中上收入人士和家庭。這樣收入分佈兩極化的現象，無可否認在經濟發達國家和地區近年都有出現，促成的原因很多，而其中重要的一項是：現代經濟體皆以服務業（第三產業）為主導，而服務業聘用的人手，收入差距較過往以漁農業或製造業為主導時大，形成收入分佈不平均較以往嚴重。這樣，收入差距擴大，政府應否坐視不理，任由貧富懸殊到了嚴峻的地步，危害社會的安寧和穩定？

公共開支與收入再分配

收入差距擴大，結果是貧富懸殊，對於這種危害社會穩定的現象，任何政府都不能坐視不理；況且，政府透過社會資源的重新分配，也確實能夠縮窄社會上富有人和貧窮人間的差距。有關公共開支發揮的社會資源再次分配的作用，本書內文有詳細論述，不在這裏重複。以下主要列舉一些有關數字，分析香港政府在公共開支方面的態度，及公共財政能否產生收入再次分配的作用。

首先，香港是資本主義社會，香港政府無論在 1997 年前或後，都曾多次申明，香港絕對不會奉行「計劃經濟」，香港的經濟由市場主導；而香港也不是「福利社會」，市民必須自力更生。所以，政府的財政開支，在生產總值中只會佔適當的比重，作用是讓政府有足夠資源提供必須的服務，及履行應負的責任。《基本法》也訂明，特區政府必須審慎理財、量入為出，避免在財政上出現赤字。

　　回歸以後的二十年裏，政府公共開支在本地生產總值（GDP）所佔的比例，大致上維持在 20% 的範圍。回歸第一年，即 1997－1998 財政年度，公共開支佔 GDP 只有 16%；從 1998－1999 的財政年度開始，連續六個年度，至 2003－2004 年，公共開支都在 GDP 20% 以上（1998－99：20.37%；1999－2000：20.96%；2000－01：20.00%；2001－02：20.39%；2002－03：20.31%；2003－04：21.57%）。究其原因，是香港的經濟在期間長期衰退，政府的收入下降，政府的開支卻不能相應的減少，形成公共開支維持在 GDP 20% 以上。其他公共開支超過 GDP 20% 的年份，是 2013－2014 年度（21.45%）及 2016－2017 年度（21.23%），都是與政府換屆有關，政府在公共開支加入新項目，並不是政府的理財哲學或方法有根本性的改變。

　　香港的公共開支維持在 GDP 20% 的水平，加上稅率偏低（標準利得稅率是 16.5%、入息稅率是 15%），所以對收入差距難起積極的再分配作用。不過，政府的公共開支，接近七成用於各項與民生有密切關係的社會服務，包括教育、醫療、資助房屋、社會保障、福利服務等。因此，香港的公共開支在 GDP 的規模雖較其他經濟水平相若的國家或地區細小，對中下階層市民的生活，卻起着重要的保障作用，特別是資助房屋和社會保障，受惠的市民不是生活貧困，就是收入無法應付自己和家人基本生活的需要。

　　例如，香港現有三、四十萬市民倚靠綜合援助生活，另外有接近一半長者（約五十萬人）領取長者生活津貼，政府用於這兩組人士的開支，絕對是從上而下的收入再分配（vertical redistribution）。至於政府

用於教育和醫療的開支,因資源用於有需要的人士身上,如有兒童就學的家庭和患病需要治療的市民,所以資源的再分配是橫向的(horizontal redistribution),即收入差不多的市民,因他們對教育和醫療服務的需要有分別,所以得到的社會資源並不一樣。

總括而言,香港的公營部門(public sector)雖只佔生產總值約五分之一,但由於政府的開支大部分用於社會服務,而受益的市民中又以中下階層市民佔多數,所以政府開支產生的收入再次分配的作用,顯著程度並不比其他經濟相若的國家或地區遜色;例如新加坡,公共部門較香港大,但新加坡政府用於軍費的支出佔了相當部分,用於收入再次分配的資源便較小。有分析認為,香港最低收入的三成住戶,若把他們享用的教育、醫療、資助房屋、社會保障和福利等服務,以相等的市場價值計算為他們的入息,他們實質的收入可以增加五成至一倍以上,即一般稱的「社會工資」(social wage)。調查也顯示,住在資助房屋的市民,他們的消費能力常高於收入在他們以上但住在私人樓宇的家庭,原因是公屋居民在住屋方面受到資助,令他們用於其他消費的支出可以相應的增加。

結論是:香港的公共開支雖收不到拉近貧富差距的效用,但對保障和改善中下階層市民的生活,卻起着積極和顯著的效果。

貧富懸殊與社會流動

香港常被批評為貧富懸殊的社會,而生活在這裏的市民,對「貧者愈貧、富者愈富」的講法,也多表認同。不過,回歸以來,香港的經濟

除了最初幾年，由於亞洲金融風暴而出現衰退，餘下時間都有增長，幅度卻只在數個百分點之間，並不像上世紀七、八十年代，經濟經常以雙位數增加。香港近年的經濟增長雖緩慢，工作人口的收入總算有增加，連最低收入的工人，工資也非全無改善，特別在最低工資於 2011 年實施後，月入在六千元以下的工人大幅減少。所以「貧者愈貧」的講法，以實質工資的數字來說並不成立。

但「貧者愈貧、富者愈富」的講法，也不能説沒有道理，因貧富差距是相對性的，富者的收入增加，若然增加的幅度大幅拋離貧窮人士，就算是貧者的收入沒有減少，相對上確實是富有的愈來愈有錢，沒有多少錢的更覺得自己貧窮。附表 2.3 是 2016 年第二季按住戶入息十等分劃分的入息百分比分佈：數字顯示，最高收入的兩個等分佔了總收入 48.7%，而收入最低的兩個等分只佔總收入的 4.1%，相差十倍。

附表 2.3　按住戶入息十等分劃分的入息百分比分佈
（2016 年第二季）

家庭住戶每月入息佔總體百分比（%）				
第一 （最低）	第二	—	第九	第十 （最高）
1.3	2.8	……	17.0	31.7

資源來源：政府統計處綜合住戶統計調查

當香港最高收入的兩成住戶佔去總收入接近一半，而最低收入的兩成卻只佔 4.1%，差距之大，相信不少市民都會同意，香港是貧富懸殊

的社會。特區政府在 2016 年至 2017 年的公共開支約五千億元，政府的財政儲備達到一萬億元，即儲備等於政府兩年的開支；這樣，特區政府在審慎理財之餘，應否更加正視貧富懸殊的現象，多做一些提升低收入人士收入的措施？

當然，在香港這樣的資本主義的社會裏，政府推行縮窄收入差距的措施，例如取消標準稅率，用累進方式增加富人繳交的稅款，或引入資產增值稅、重新設立遺產稅及股息稅等，都會被批評為干預市場運用，削弱香港的競爭力，尤其當特區政府擁有龐大的財政儲備，政府不減稅卻去增加市民稅務上的負擔，實在難圓其說，必遭市民激烈反對。

不過，政府若然什麼也不做，又如何回應量度收入差距的堅尼系數在香港持續惡化的指控？以數字而言，香港的堅尼系數確實令人擔憂，2001 年是 0.525，2006 年是 0.533，2011 年是 0.537，2016 年是 0.539；另外，回歸以來的二十年裏，大專生的收入看來也沒有實質增加。有調查顯示：1995 年大專生的中位數收入是 20,463 元，2015 年卻只有 16,898 元，但特區成立後，大專院校加入副學士和多種文憑課程，所以單從數字上比較大專生在過去二十年的收入並不合理。不過，無可否認的事實是，由於香港的產業發展主要集中於金融、貿易、地產、物流、旅遊等，形成大專生畢業後能夠發展的機會受到限制，收入自然無法提升，更無法在社會階層上向上流動。

香港特區政府應該採取怎樣的措施去避免貧富差距繼續惡化下去？這個問題，並不是本專題分析所能解答，唯一可以肯定的是，現在特區政府努力做的，仍離不開保障和改善基層市民的生活，這些措施，政府

統稱為「扶貧」工作，是另外一個專題分析的焦點。

總結以上討論，可歸納如下：

（一）香港奉行的是資本主義制度，經濟發展由市場主導，加上香港已發展成為成熟型經濟體，產業較集中，結果收入分佈極不平均，六成受薪人士月入在二萬元以下，入息中位數 2016 年是 15,500 元。收入分佈不平均的弊病，是中下收入階層市民，若然單靠工作得到的報酬，實在無法應付日常生活的開支，尤其香港樓宇價格高企，常常超出一般市民所能應付的範圍。

（二）特區政府的開支常期維持在生產總值百分之二十以下，審慎理財之餘，更嚴守收入與支出保持平衡，及稍微有盈餘的規定，2017 年累積的儲備達到一萬億元。政府的開支接近七成用於各項社會服務，而其中資助房屋及社會保障的支出，因受惠者以基層市民佔多數，收入再分配的作用較顯著，教育和醫療服務由全部市民享用，政府的開支主要落在有需要市民身上。

（三）香港貧富懸殊是不爭的事實。為了平息市民的怨氣，政府近年除引入最低工資外，還推行一連串扶貧措施，包括「鼓勵就業交通津貼」、「低收入在職家庭津貼」，及為有經濟需要長者而設立的生活津貼。不過，基層市民的收入無法提升，貧富差距只會不斷擴大，政府雖可保障基層市民生活，但存在的深層次矛盾，將繼續成為社會不穩定的溫床。

【專題分析 3】
公共房屋政策與社會流動

　　2008 年，「雷曼事件」引發金融海嘯，世界經濟陷入低谷；為了挽救低迷的經濟，美國率先採取貨幣寬鬆政策，歐盟國家和日本相繼跟隨，立竿見影的效果是投資增加，經濟從谷底反彈，復甦步伐加快，就業率上升，消費亦逐漸回復往日風光的日子。但「量化寬鬆」政策並不是只有好處，全無壞處，最顯著的弊病是促使資產價格上升，其中包括影響民生最大的房屋價格，上升幅度遠超工資的增幅，使到想置業的人士，要付出的金額往往是他們二三十年收入的總數，而私人樓宇的租金亦因樓價高企而不斷飆升。總言之，自 2008 年以來，住屋是世界各大都市居民都必須面對的困難，也是各地政府施政上遇到最棘手的問題。

房屋政策是特區政府施政的「重中之重」

　　2012 年，當梁振英上任行政長官時，他在第一份《施政報告》中明言，解決市民住屋需要是他任內施政的「重中之重」。梁振英的房屋政策成績如何？以下再討論，但在他任內的五年，多項民意調查顯示，市民最關心的社會問題，首兩項離不開房屋，而市民對政府施政最感不

滿意的，房屋政策常常列於榜首位置。

　　房屋政策與社會各方面的發展有千絲萬縷的關係。香港地狹人稠，土地是寶貴的資源，政府如何運用土地解決市民住屋的需要，更且為庫房帶來可觀的收入，支撐政府的施政，實在是不容易做到的事。況且，房屋政策牽制香港的經濟發展，房屋價格影響金融機構的經營，也決定了市民擁有資產的價值；所以，政府制定的房屋政策，猶如人體的心臟，心臟運行順暢，全身便可得到所需營養，心臟一旦出現問題，健康難有保證。

　　房屋政策涵蓋的範圍如此廣泛，影響又如此深遠，並不是單一專題分析可以全面探討，以下討論，主要集中分析香港的公共房屋政策對市民生活的影響，及市民在住屋方面的支出與社會流動的關係。

香港公共房屋政策的發展

　　香港的公共房屋建設始於 1953 年的石硤尾大火，開始時只是應急措施，面對大火後五萬多無家可歸的災民，政府只好興建簡陋的住所作為他們臨時棲身之所。其後，為了開發新土地以安置戰後來港的二百多萬難民，以及發展工業為他們提供就業，政府於是有計劃的大量興建公共房屋。可見，政府的公共房屋建設，原先的目的只是讓貧困市民有瓦遮頭，或為了補償被清拆了物業的市民，並沒有長遠的規劃。早期的公共房屋所在地稱為「徙置區」，是政府安置災民的地方，而上世紀五十年代末設立的「廉租屋」，是為收入微薄的低下階層而設的居所，收取

的租金很多時連管理費也不足夠，經營開支必須由政府大量補貼。

　　政府的公共房屋措施在上世紀六十年代並沒有太大改變，直到
1972 年，麥理浩出任港督，翌年宣佈「十年公共房屋發展計劃」，預
計到八十年代中，香港每一個家庭都可以有獨立和舒適的居住單位。為
了推行公共房屋政策，麥理浩於 1973 年成立房屋委員會，統籌公共房
屋的建設。有關房屋委員會的運作，本書另一章有詳細討論，不在這裏
重複。

　　可惜的是，1973 年的石油危機，引發世界經濟長期不景氣，香港
的經濟於七十年代中期也受到影響，起落不定，政府的財政收入時增時
減，麥理浩訂下的「十年公共房屋發展計劃」最終未能達成目標。到
八十年代中，香港仍有數十萬市民居住在「臨時建築物」，包括山邊木
屋、臨時房屋區，而申請入住公共房屋的市民，一般要等候七、八年。
市區私人樓宇的板隔房、床位、「籠屋」，成為基層市民和新移民在等
候「上樓」前的居所，住屋情況之惡劣，常成為國際媒體報道之焦點，
並謔稱為「富庶城市中的貧窮」。

　　1978 年，政府引入「居者有其屋」計劃。一方面，「居屋」提供設
備較完善的單位讓公屋居民購買，令低下階層也有置業的機會；另一方
面，收入不足在私人市場購買樓宇的市民，也可透過「居屋」成為業
主。到 1986 年，為了逼使更多收入有改善的公屋居民騰出單位，讓有
需要的公共房屋輪候市民盡早得到編配，房委會推行「富戶」政策，收
入增加了的公屋居民便須負擔市值租金，或選擇購買「居屋」。

　　1987 年 4 月，香港房屋委員會發表《長遠房屋策略》，清楚解釋

政府為了滿足市民的住屋需要,將在十五年內,推行一連串房屋發展計劃,盼望在市民能夠負擔的樓價和租金的條件下,全港市民皆有適當的居所。要達成以上目的,《長遠房屋策略》說明,政府必須「盡量有效地運用公營及私人機構方面的建屋資源」,也就是說,為市民提供適當居所並不單純是政府的責任,私人市場也可發揮作用。1987 年的《長遠房屋策略》發表後,公屋和「居屋」興建數量大增,合共每年約五萬個單位;私人物業興建的數量並不穩定,在回歸前,且因每年賣地面積有限制,樓宇價格持續上升,遠超市民的購買能力。

1997 年,香港回歸祖國,特區成立後,首任行政長官董建華為了改善市民的居住環境,上任後許下承諾,每年興建的房屋數目以八萬五千個單位為目標,其中約三萬五千個是地產商供應的私人樓宇,其餘五萬個屬於租住公屋和「居屋」。另一方面,董建華引入新政策,在「居屋」之外,容許公屋居民購買自住的單位,目的是讓公屋居民更容易成為業主,珍惜自己所居住的單位之餘,政府也可減低對公屋居民的資助。公共房屋一旦可以在私人市場買賣,政府也希望藉此釋放土地的價值。不過,公屋出售後,轉售的情況並不普遍,直到 2015 年,樓價持續飆升,公屋出售的數目才稍增加。不過,出售公屋亦造成管理上的困難,因同一屋邨內,部分是業主,部分是租戶,兩者的利益並不一樣,居民間難免有爭拗。

1998 年,按照 1987 年發表的《長遠房屋策略》,政府重新修訂並發表《長遠房屋策略白皮書》。《長遠房屋策略白皮書》訂下的目標,是徹底解決低下階層市民的住屋需要。不過,隨後的金融風暴,令香港

的經濟迅速惡化，「八萬五」建屋計劃於兩年後宣佈不再存在。2002 年，香港的地產瀕臨崩潰邊緣，政府決定停建及停售「居屋」，公屋興建的數量大幅減少。2005 年，曾蔭權接任行政長官，在他管治的七年裏，他對公共房屋興建態度消極，認為政府的責任，只限於為無法在私人物業市場租住或購買房屋的低下階層提供居所，所以並不積極尋覓土地興建公屋單位。

　　2012 年，梁振英出任行政長官，上任後他明言，解決房屋短缺是他施政的「重中之重」，並誓言要增加房屋單位的供應，但政府如何找到足夠土地興建房屋，成為近幾年爭議不休的問題。2014 年，政府發表《房屋未來關鍵時刻聚焦供應》，目標是未來十年興建 46 萬個住屋單位，其中出租公屋 20 萬個，資助出售單位 8 萬個，私人樓宇單位 18 萬個。《房屋未來關鍵時刻聚焦供應》指出，除非政府在土地供應上作出調整，如填海、利用部分郊野土地，或大幅度收回「棕地」，否則政府將無法滿足市民對住屋的需求。這裏未能詳細討論梁振英任內房屋政策的成敗，但從 2012 年至 2016 年，政府預期每年興建 18,000 公屋單位和 14,000 私人樓宇單位的目標，兩者皆未達到。

香港居民的住屋狀況

　　在討論政府公共房屋政策的成敗之前，先來看一些市民住屋的具體數字。根據 2016 年中期人口統計簡要結果顯示，香港家庭住戶的數目共 251 萬個，每戶平均人數從 2006 年的 3.0 人下降至 2.8 人，三、四

人以上住戶的數目明顯減少。

　　2016 年中，香港共有 7,336,585 人，其中 29.1% 住在公營租住房屋，15.8% 住在資助自置居所房屋，53.2% 住在私人永久性房屋，其餘佔 1.9%（附表 3.1 是按照不同房屋類型劃分的人口分佈）。比較 2006年、2011 年及 2016 年的數字，公營租住房屋和資助自置居所房屋的人數都有下降，表示受惠於政府各類資助房屋的市民，比例上有減少的趨勢；住在私人樓宇的市民，數目卻有增加。這樣此消彼長的數字顯示了什麼？以下再討論。

附表 3.1　按房屋類型劃分的人口
（2006、2011 及 2016）

房屋類型	2006		2011		2016	
	數目	百分比	數目	百分比	數目	百分比
公營租住房屋	2,129,252	31.0	2,092,638	29.6	2,131,553	29.1
資助自置居所房屋	1,221,221	17.8	1,205,391	17.0	1,161,166	15.8
私人永久性房屋	3,383,890	49.3	3,640,206	51.5	3,901,743	53.2
非住宅用房屋	81,413	1.2	85,632	1.2	87,526	1.2
臨時房屋	48,570	0.7	47,709	0.7	54,597	0.7
總計	6,864,346	100.0	7,071,576	100.0	7,336,585	100.0

註：數字包括非居住在家庭住戶的人士，例如居住於院舍的人士；當中，大部分居住在非住宅用房屋內。

　　2016 年，租住公屋單位的住戶，每戶每月繳交的租金中位數為

1,500 元，佔他們收入的 9.3%；住在私人住宅單位的住戶，每月租金中
位數為 10,000 元，佔他們收入的 30.7%，住在其他私人屋宇單位的，
租金中位數是 6,000 元，佔收入 20.6%；其餘所佔數目不多，不在這裏
列舉（附表 3.2 是按不同類型的家庭住戶每月租金的中位數及租金與收
入比率中位數）。比較之下，可見住在公屋單位的市民，他們在租金方
面的支出大約佔他們收入的十分之一，租住私人樓宇的則佔三成，但兩
者的住屋情況，公屋居民並不比私人樓宇的住戶遜色，七八十年代以後
興建成的公共屋邨，環境一般十分優美，公共設施完備。

附表 3.2　按屋宇單位類型劃分的家庭住戶每月租金中位數及租金收入
比率中位數（2006、2011 及 2016）

屋宇單位類型	家庭住戶每月租金中位數（元）			租金與收入比率中位數（百分比）		
	2006	2011	2016	2006	2011	2016
永久性屋宇單位						
公營租住房屋單位	1,390	1,210	1,500	13.5	10.6	9.3
私人住戶單位	5,100	7,500	10,000	25.2	25.7	30.7
私人永久性房屋的其他屋宇單位	3,000	3,800	6,000	15.7	15.8	20.6
其他房屋類型的永久性屋宇單位	3,000	6,000	7,500	16.7	20.6	31.1
臨時屋宇單位	1,200	1,500	3,500	12.5	19.4	23.4
合計	1,680	1,600	2,180	16.0	13.9	13.6

　　過去有評論認為，政府為市民提供的公共房屋，除了滿足他們的住屋需要外，更因租金便宜，以至公屋居民有餘錢，增加生活其他項目的消費，例如給予子女課堂以外的學習，甚至有能力出外旅遊。因此，公共房屋可視為基層市民一項重要的「社會工資」，是改善基層市民生活最有效的社會措施。除此以外，早期的公共房屋建設，也是要配合香港的工業發展，所以在荃灣和觀塘等工業區，附近都建有大量公共房屋。八十年代以後，香港的工業式微，政府的公共房屋建設，轉為配合新市鎮的發展，如將軍澳和馬鞍山，公屋居民成為「開荒牛」，對新市鎮的發展發揮催化的作用。

　　2016 年中，有 122 萬家庭住戶擁有自置物業，其中三分之二沒有按揭供款或需要支付借貸還款，需要支付按揭供款或借貸還款的住戶每月付款中位數為 9,500 元，佔家庭住戶收入的比率中位數 18%（以上是 2016 年中期人口統計簡要結果分析的數字）。根據政府統計處發表的「2014/15 年住戶開支統計調查結果」專題報告，2014 年至 2015 年時，家庭住戶每月收入為 27,627 元，住屋開支佔 36%，若單單計算私人樓宇住戶，住屋開支佔收入 40.5%。上述兩組數字雖有差異，但不同調查各有自己的範圍和目的，得出的結果可互相參考。無論如何，市民若非住在租住公屋或資助出售房屋，他們用於住屋的開支常佔他們收入的三、四成，較鄰近地區如新加坡及台灣的相若數字都要高。

　　到 2016 年 3 月底，公屋申請者的累積數字共 284,800 宗。根據房屋署的數字，公屋申請者平均年齡為 33 歲，居住在私人住宅單位的佔 51%，居住於公屋佔 25%，居住在資助出售房屋佔 21%，餘下 3% 居

住於宿舍及臨時房屋。以學歷而言，擁有專上、大專或以上學歷的申請者佔 47%，若單單計算 30 歲以下申請者，擁有專上學歷的高達 71%。為什麼年輕人要申請公屋？房屋署調查所得結果，近幾年申請者中 30 歲以下的有八成是學生，而申請公屋的原因，67% 表示希望分戶或獨自居住，29% 表示現時居所空間狹小。

　　總結而言，以過去十年的住屋情況來分析，約有一半人口居住於租住公屋和資助出售房屋，這個比例有些微下降的趨勢，原因是最近十年，資助房屋建成的數量都未能達到預期目標。私人樓宇的價格在 2008 年金融海嘯後持續上升，令不少無法在私人市場購買或租住單位的市民，轉向申請公共房屋，尤其是擁有專上學歷的年輕人，為了尋找私人空間，也相繼加入公屋申請者行列。有了以上市民在住屋方面的統計數字，我們可以來看看政府公共房屋政策的得失。

公共房屋政策的得失

　　為什麼公營房屋發展多年，市民的住屋需要卻沒有徹底得到解決？除了一些客觀因素，如香港可建樓宇的平地較少外，另一個重要原因，是政府必須嚴守香港的資本主義制度。舉個例子：麥理浩宣佈十年建屋計劃後，最初兩三年建成的公屋數目亦可達到目標，但 1975 年開始，香港經濟出現衰退，往後幾年政府建成的公屋數目每年不到一萬個，只及原先訂下目標的三分之一。

　　與香港情況相同的新加坡，在同樣經濟不景氣的情況下，卻大量興

建公屋；新加坡政府認為，經濟衰退，正可用較低成本建屋，同時可避免建築工人失業，更且可藉此刺激經濟復甦。香港政府其實也可採用共同措施，不但不拖慢公共房屋建設，且可增加建屋的數量，但當時香港政府沒有這樣做，為的是要削減開支，免得政府出現財政赤字。

香港與新加坡為什麼有這樣的差別？原因之一，是香港必須維持低稅率，保持收支平衡，結果是公屋的發展隨經濟起伏而時放時收。這種不穩定的情況，多次打擾公屋的發展計劃：麥理浩的「十年建屋計劃」失敗收場，董建華的「八萬五」也逃不過這個宿命。總括來說，在香港的資本主義制度下，為了維護資本家的利益，社會發展只能在經濟發展之後亦步亦趨；也就是說，社會發展在香港只能是經濟發展的附屬品，經濟發展取得成就，社會發展才會分配得到資源，政府不會把社會發展凌駕在經濟發展之上。

除避免在財政上出現赤字外，香港政府也不願看見公營房屋建設影響私人物業市場。香港為什麼要維持高地價？問題十分複雜，但政府的土地發展的政策是：把公共房屋和私人物業視為兩個不同的範疇，申請入住公屋的家庭，原則是他們的入息，基本上不足租賃或在市場上購買私人物業。至於「居者有其屋」，也不應與私人物業市場重疊，避免「居屋」與發展商所建的私人樓宇競爭。

上世紀九十年代，政府曾推出計劃資助「夾心階層」購買私人樓宇，作用是鼓勵入息剛剛超過公屋收入限額的家庭，在私人物業市場上置業：這樣，政府不但可以減少公屋和「居屋」單位的供應，也不會削弱市民對私人物業的需求。說到底，政府在公共房屋方面所做的，絕

對不能與香港資本主義制度有牴觸，私人物業市場必須有自己的生存空間。

　　還有一點必須正視的是，政府的收入中，相當部分來自出售土地和房地交易徵收的稅款，也就是一般市民批評的「高地價政策」。雖然政府多次否認有高地價政策，但政府的賣地策略，不是令地價屢創新高嗎！地價不斷上漲，出售樓宇的價格自然愈來愈貴，到了最近兩三年，私人樓價已超出一般市民的購買力，因而出現「劏房」、「納米樓」等現象，嚴重的挫敗年輕人置業的夢想，細小的單位也長遠影響香港的家庭結構和人口發展。

　　總結而言，在香港公屋建設的六十年歷史裏，政府給與市民的資訊是：第一，只有當經濟發展良好時，政府才有足夠資源興建公共房屋，政府不會透過公屋建設來左右經濟的發展和運作。第二，公共房屋不會與私人物業競爭，兩者的目的並不相同，資助房屋是協助無法承擔私人物業市場租金或置業的市民。第三，公共房屋建設只是滿足基層市民的住屋需要，目的是保障市民的基本生活，並非用來拉近貧富差距，更不是為了創造健康和和諧的社區。這樣的公共房屋政策，目標可説十分狹窄，也受到政府財政狀況和賣地政策等因素的影響，結果是房屋供應常與市民的需要脫節，不但落後於社會形勢，且令市民因住屋問題生活在水深火熱之中，與「安居」的目標愈行愈遠。

附表 3.3　**公屋申請總數及實際建屋量**
（2006－2016）

年份	公屋申請累積數目	公屋建成數目
2006－2007	107,300	7,192
2007－2008	111,600	13,726
2008－2009	114,400	19,050
2009－2010	129,100	15,389
2010－2011	152,400	13,672
2011－2012	189,500	11,186
2012－2013	228,400	13,114
2013－2014	248,100	14,057
2014－2015	278,500	9,938
2015－2016	284,800	14,264

【專題分析 4】

貧窮與「貧窮線」‧退休保障與長者權益

香港是貧窮與富裕並存的城市

　　回歸以來，特區政府的民生福利措施，表面上雖以改善全部市民的生活為目標，但若然仔細分析，其實總是聚焦在收入不足應付生活所需的市民身上；簡單來説，就是要解決存在已久的貧窮問題。例如，第一任行政長官董建華上任後，他提出的「八萬五」建屋計劃、六成青少年有接受專上教育的機會，以及關於長者的「老有所為、老有所養、老有所屬」的安老政策，無一不是為了中下階層市民而設。到了曾蔭權出任特首的年代，他雖以「大市場、小政府」作為政府管治的理念，但面對香港貧窮問題日趨惡化的情況下，他只得承接董建華的建議，於 2005 年成立扶貧委員會，並在他離任之前，設立關愛基金，援助貧窮卻被現有社會安全網忽略的底層市民，且在 2011 年設立最低工資，免除香港工人常被壓榨和剝削的指控。

　　到了梁振英擔任行政長官，無論他的房屋、扶貧、安老等民生政策，其實都有共同的目標，就是不要讓香港的資本主義制度變得這麼醜惡。醜惡的例子：一大清早，路上常見佝僂的老婦拾荒賣錢；一家幾口

住在面積不到一百呎的板隔房，生活作息全在這樣狹小的空間；低薪工人辛勤十二小時，卻賺不夠養活自己和家人；年老和殘疾市民被困在環境惡劣的院舍，得不到適當的照顧，有時連自己最基本的尊嚴和安全也受到威脅。香港醜惡的貧窮面貌，卻不是梁振英兩三項民生改善措施可以消除。況且，香港是亞太區數一數二最富庶的城市，私人樓宇價格以每呎萬元計算，擁有千萬元以上的富人俯拾皆是，特區政府要扭轉這種貧富兩極化的現象，令香港成為關愛和公平的社會，看來不是短期內可以做到。

香港可以形容為貧窮與富裕並存的城市：有時候，兩者看來是對立的，令人感到不舒服，但有時候，卻必須承認，貧富差距造就了今天的香港。香港可以讓人在短時間內從貧窮到富有，雖這只是極少數市民的命運，大部分市民卻必須胼手胝足，賺取微薄的金錢，若一旦遭逢不幸，或偶一犯錯，便很容易陷入貧困之中，成為窮人的一份子。就是在這種貧富對立的情況下，特區政府的扶貧措施便顯得特別重要。本書各章清楚説明，政府為了保持行之已久的資本主義制度，是無法根本性的改變傾向保護富人利益的稅收政策；收入分配既不平均，政府又無法透過稅收大幅度的進行再次分配，所能做到的就只有保障基層市民生活一途，而這種「社會安全網」（social safety net），遂成為香港民生政策的特色。

因此，本專題的分析，將集中討論政府的扶貧措施，而在扶貧措施中，爭議長達差不多半個世紀的，是香港應否設立全民退休保障的問題。貧窮是非常複雜的社會現象，涉及的範圍十分廣泛，以下引用扶

貧委員會過去三年（2014 至 2016 年）發表關於香港貧窮情況的分析報告，目的是要呈現香港貧窮的現有面貌。若然要進一步探討香港的貧窮問題，香港中文大學社會工作系黃洪教授的《「無窮」的盼望》一書，最有參考價值，而香港大學社會工作及社會行政學系葉兆輝教授，最近出版的《香港貧窮問題的真相》，從數據分析幫助我們對香港的貧窮問題增加認識。

香港窮人知多少？

香港貧富懸殊是不能否定的事實，究竟香港窮人的數目有多少？直到 2012 年，政府對於貧窮並沒有清晰的定義，只說市民生活有困難，可以申請綜合援助（1991 年前稱為公共援助），所以有多少市民領取綜援，這就是窮人的數目，而綜援設下的申請標準，也可以當作貧窮的劃分線。不過，這樣的講法並不合理，因為合乎資格領取綜援的市民，他們可能懼怕綜援的標籤效應而不申請，因此，只計算領取綜援的人數怎可代表全港窮人的數目？

另外一個原因，是綜援提供的金額，只能滿足基本生活的需要，而現在香港的經濟和社會發展水平，早已離開赤貧的年代，貧窮再不是「吃不飽、穿不暖」，而是有相對性的意義。換言之，貧窮的界定，是相對於全部市民的生活水平，一般市民的生活水平若然提高了，政府給予窮人的經濟援助也應隨之而增加，否則需要經濟援助的市民，能夠得到的生活，將與其他市民愈拉愈遠，這不是講求文明和關愛的社會願意

看到的事。

　　2012 年，梁振英出任特區行政長官，按照競選時的承諾，他重新設立扶貧委員會。扶貧委員會首先做的，也是政府早應做的，是為貧窮作出明確的定義，方法是以全港住戶入息中位數的 50% 作為香港的「貧窮線」，並於 2014 年發表《 2013 年貧窮情況分析》。其後兩年，扶貧委員會分別發表 2014 及 2015 年的貧窮情況分析報告。這樣，香港的貧窮情況，總算有了清晰的定義，政府在扶助貧窮市民所作的努力，成效也有了準確的數字作為分析的根據。以下討論，所引數字主要來自扶貧委員會於 2016 年發表的《2015 年貧窮情況分析》報告。

　　首先，按照住戶人數的情況來看（附表 4.1），可見一人及二人住戶的收入，在 2009 至 2015 年間，上升的幅度十分輕微，例如一人住戶，因成員以長者為主，2009 年的每月收入是 3,300 元，到 2015 年也只是 3,800 元；四人及五人以上的住戶，收入升幅較顯著，例如四人住戶，2009 年每月收入是 11,300 元，2015 年是 17,600 元，原因是住戶中多有就業成員，隨着工資的上升，住戶的整體收入也增加。

　　貧窮人口和貧窮率方面，附表 4.2 顯示，2009 年的貧窮人口是 134 萬，約佔人口的 20.6%，到 2015 年，貧窮人口仍是 134 萬，貧窮率維持在 19.7%，並沒有減少，原因是貧窮線以住戶收入中位數的 50% 劃分，貧窮線隨市民收入增加而上升，相對上，貧窮人口的數目便變動不大。若然把政府設立的恆常現金援助計算在內，例如政府設立的社會保障計劃，貧窮人口在 2015 年從 134 萬下降至 97 萬；若然把非恆常的

現金援助也計算在內，例如對個別長者和殘疾人士的補貼，貧窮人口減少至 87 萬，佔整體人口的 12.8%。

附表 4.1　香港的貧窮線（每月、元）（2009－2015）
（按住戶人數，以除稅及福利轉移前的住戶收入中位數的 50% 劃線）

| 年份 | 住戶人數 | | | | | |
	一人	二人	三人	四人	五人	六人及以上
2009	3,300	6,900	9,900	11,300	11,900	13,000
2010	3,300	7,000	10,000	11,800	12,300	13,500
2011	3,400	7,500	10,500	13,000	13,500	14,500
2012	3,600	7,700	11,500	14,300	14,800	15,800
2013	3,500	8,300	12,500	15,400	16,000	17,100
2014	3,500	8,500	13,000	16,400	17,000	18,800
2015	3,800	8,800	14,000	17,600	18,200	19,500

　　除現金援助外，扶貧委員會的報告還提及公共房屋及其他非現金支援項目所發揮的扶貧作用，若然把公共房屋計算在內，貧窮人口在 2015 年可減至 67 萬，佔人口的 9.8%。不過，公共房屋的作用並非扶貧，基層市民入住公屋，就是生活有改善，也是公屋減輕了他們租金上的支出，實際收入並沒有增加；其實，以收入計算，他們仍然生活在「貧窮線」之下。

附表 4.2　香港的貧窮人口及貧窮率
（2009－2015）

年份	貧窮人口（'000）/ 貧窮率 %	恆常現金介入後	恆常及非恆常現金介入後
2009	1,348（20.6%）	1,043（16.0%）	937（14.3%）
2010	1,322（20.1%）	1,031（15.7%）	910（13.8%）
2011	1,295（19.6%）	1,005（15.2%）	720（10.9%）
2012	1,312（19.6%）	1,018（15.2%）	805（12.0%）
2013	1,336（19.9%）	972（14.5%）	847（12.6%）
2014	1,325（19.6%）	962（14.3%）	892（13.2%）
2015	1,345（19.7%）	971（14.3%）	873（12.8%）

　　以年齡來分析，附表 4.3 顯示，長者的貧窮率最高，2009 年時，三個長者之中有一個在貧窮之列，明顯是香港缺乏全面性退休保障制度的後果，2013 年時降至 30.5%，因 40 多萬長者可以領取長者生活津貼。至於 18 歲以下兒童及 18 至 64 歲人士，貧窮率分別在 18% 及 14% 間，多年來只有些微下降，特別是 18 歲以下兒童，差不多五個之中有一個生活在貧窮線邊緣，政府實在要加把勁。研究顯示，生活在貧窮家庭的孩子，無論在學習能力、語言表達能力、與人溝通能力、社會知識、自我形象等，常較在貧窮線以上的兒童遜色，所以要打破「跨代貧窮」（intergenerational poverty）的宿命，政府必須針對貧窮家庭的兒童，提出適切的扶助，例加近日有評論認為，政府應成立兒童委員會，

一如青年委員會，這是很值得政府參考的建議。

附表 4.3　政策介入後按年齡劃出的貧窮率
（2009－2015）

年份	18 歲以下兒童（%）	18 至 64 歲人士（%）	65 歲及以上長者（%）
2009	19.9	16.0	34.6
2010	19.3	15.7	34.8
2011	19.5	15.2	34.1
2012	19.9	15.2	33.3
2013	18.6	14.5	30.5
2014	18.2	14.3	30.0
2015	18.0	14.3	30.1

退休保障與長者權益

香港應否設立全部市民皆可享有的退休保障制度？有關討論延續了半個世紀的時間。1991 年前，政府對退休保障的立場是：市民應為自己的未來作打算，政府不會強迫僱主為僱員設立退休保障，所以無論是「隨收隨付」的退休保險計劃，或類似新加坡的中央公積金，政府都不會考慮，理由是香港奉行自由市場經濟，集體形式的退休保障並不適合。

1991 年後，立法局的形勢有改變，從地區直接選舉產生的議員，

在競選時皆曾答應選民，將要求政府設立中央公積金，其他爭取長者權益的民間組織，也認為隨着香港人口老化，及家庭結構和功能的轉變，市民到了年老的時候（一般指 65 歲），理應有享受基本生活保障的權利。社會人士對退休保障的看法既有改變，政府不得不改變立場，於是成立工作小組研究退休保障是否可行。工作小組其後的建議，並不是公眾要求的中央公積金，而是類似今天的強制性公積金。對市民來說，公積金無論涵蓋的是全部或部分僱員、強迫或自願，都只是一種儲蓄性計劃，僱主和僱員共同供款，僱員到了特定的退休年齡，便可拿回累積的款項作退休生活之用。這種儲蓄形式的公積金制度，並不涉及不同年齡組別或社會階層之間資源上的重新分配；僱員收入愈高、累積愈多，收入少的、取回的也較少。

　　1994 年底，當時在任的港督彭定康，曾建議推行「老年金計劃」，這並不是早前政府提出的公積金計劃，也不是民間要求的中央公積金。「老年金計劃」的構想十分簡單，由僱主和僱員各自按僱員薪酬的 1.5% 供款，香港永久居民到了 65 歲，不計入息和資產，每月領取二千三百元。「老年金計劃」的構思雖簡單，但論性質和背後的理念，與公積金可說截然不同，在社會上引起極大爭議，當時反對者認為：一旦推行老年金，香港便會成為「福利社會」。他們的論據是，很多推行類似計劃的經濟發達國家，開始時也像香港一樣，以極低比率的供款來保障全部年老人士的基本生活，但隨着人口不斷老化，勞動人口的數目減少，政府便必須負上沉重的財政責任。至於公積金計劃，就算全由政府負責管理，如新加坡，政府的財政承擔十分有限，不會因此加稅，政府的干預

也適可而止。

公積金與老年金兩者之分別，可歸納為以下三點。第一，是從社會公平的角度看。支持老年金的，看法較接近「費邊社會主義」的主張，認為透過老年金可以拉近貧富之間的差距，令社會資源得到較平均的分配。「費邊社會主義」的基本概念是：社會資源應為大眾享用，但人有不同的天賦和能力，資源的分配難免出現不均現象；面對資源分配不均，政府應該做的，是按照不同人士的需要加以調整，讓匱乏者不至生活無着，每人賦有的潛能有充分發揮的機會，富裕的也不至擁有大量財富，令資源最終得不到有效運用。

贊成老年金的人士認為，香港居民到了 65 歲可以一律獲得基本生活的保障，可讓他們對老年生活感到安心。雖然負責供款的僱主和僱員必須付出，但他們有工作能力，把部分收入轉移至長者身上，應是公平的做法。況且，待現在的工作人口年老時，他們也可得到同等待遇，所以在支持者的角度看來，這是社會共同分擔人口老化危機（pooling of risks）的最佳方法。

反對老年金計劃的人士，對社會公平卻有另一種看法。他們的觀點與「新保守主義」的主張十分接近。新保守主義認為：社會資源並不屬於任何人，也不應為國家所擁有。在公平競爭的情況下，各人都有使用資源的機會，而任何人取得資源的擁有權後，他們的權益應受到保護，不應被別人侵佔。基於這個觀念，「新保守主義」反對任何形式的公有制，認為社會主義形式的福利制度，不但無法誘發人民的生產意欲，且在社會裏產生更多不公平，原因是收穫與付出不相稱，平均分配資源只

會帶來壓制和更大的剝削。對老年金的建議，新保守主義者認為劃一金額的老年金，雖可保障年老市民的基本生活，但令大部分僱員在退休後墮入貧困生活之中。他們認為，一視同仁的金額看似公平，但實際上抹殺了不同工作人士各自作出的貢獻，且會製造假象，好像年老人士的需要都是相同的；這樣，在公平的口號下，老年金將使大部分市民感到自己受到不公平的待遇。

第二，是從普及性與選擇性的角度看。老年金計劃屬普及性的福利制度，只要年滿 65 歲的市民便可領取。普及性福利措施除行政上較簡單外，也是實現公民權利的重要工具；年滿 65 歲的居民可以在無任何條件限制的情況下領取老年金，背後的基本假設是他們曾對香港作出貢獻，而香港今天的繁榮和成就，也是年長一代過去努力的成果。因此，年老人士作為香港居民，他們得到老年金的保障，是他們應得的權利，是他們行使香港居民權利的表現。

反對者的立場是：居民的需要一旦成為權利，需求變得永無止境。他們認為，個人年老時的生活保障，應是他們或其家人的責任，不應委諸社會，社會也不應為部分沒有為自己年老生活作預備的市民承擔責任。反對者所持的理由是，普及性福利措施抹殺了個人的選擇自由；人既有不同的需要，也有不同的處境，如何為自己的年老生活做預備，這是他們的選擇，老年金剝奪了個人的選擇自由。

第三，是從需要的角度看。在社會政策制定的過程中，需要如何界定，既是技術性問題，也是價值觀念之爭。支持老年金的認為，年長市民需要的生活保障，猶如兒童需要教育、病人需要醫療；因此，他們把

老年金與教育服務撥歸同一類，只要確定年老人士有生活上的需要，不論他們的家庭狀況和經濟條件，皆應得到保障，猶如政府有責任為全部學童提供教育。

反對者所持的觀念恰好相反。他們認為每一個人，在成長中都有不同的需要，是無法否定的事實，但每一個人的需要能否得到滿足，或如何得到滿足，每人應有自己的取捨，不能假手他人，也不應由社會以集體形式來作出安排。他們也反對把老年金與兒童教育相提並論，因兩者的性質並不相同，學童無法為自己的教育作準備，但老年生活的保障，每一個市民都可早作安排。

以上分析，只是把支持和反對老年金的意見並列，要說明的是，社會政策的制定涉及的因素很多，而從不同的觀點看，得出的結論也常有差異。梁振英出任行政長官後，重新成立扶貧委員會，任務之一是深入探討全民退休保障的可行性。梁振英在 2013 年施政報告說：「在退休保障方面，我在（競選）政綱中提出研究人口老化對公共財政的影響，及早籌謀。政府會鞏固和優化現行制度下的三根支柱，即個人儲備和家庭資源、社會保障制度及強制性公積金計劃，今年 4 月開始實施的『長者生活津貼』，在綜援和高齡津貼之間，加入一層新的經濟支援。有意見認為，政府應檢討長者綜援、長者生活津貼及生果金三者之間的關係。我們亦注意到有意見要求實施全民退休保障。另一些意見則認為香港奉行低稅率政策，全民退休保障會大大加重長遠公共財政負擔，不加稅難以成事，僱主、僱員及政府三方面供款的全民退休保障建議同樣富爭議性，而且也涉及負擔能力和持續性等問題。……」（第 97 段）

　　2013 年，扶貧委員會委託香港大學社會工作及社會行政學系的研究團隊進行「香港退休保障的未來發展」的研究。2014 年，港大研究團隊提交報告，建議政府設立全民皆享的老年金，向全港 65 歲及以上的永久性居民發放每月三千元，並為此引入老年金稅，由僱主和僱員按僱員的薪金水平分別供款 1% 至 2.5%。報告提交後，扶貧委員會經過多番討論，並不接納研究團隊的建議，並於 2015 年底發表諮詢文件，強調全民性的老年金計劃，財政上並不可持續，政府的責任只宜扶助經濟有需要的長者。

　　經過一年多的諮詢，特首梁振英於 2017 年的《施政報告》宣佈，政府將優化「長者生活津貼」，放寬申請長者的資產限額，並為資產只有十多萬元的長者提供高額的生活津貼。到了 2017 年 4 月，政府宣佈將透過按揭證券公司設立「公共年金計劃」，令有相當資產並不符合「長者生活津貼」申請資格的長者，可憑藉「公共年金計劃」每月得到穩定和可靠的收入。

　　「高額長者生活津貼」及「公共年金計劃」一旦落實，香港的退休保障制度的各項安排將如附表 4.4。

附表 4.4　香港退休保障制度的安排（2017）

65 歲及以上長者 持有的資產	受惠計劃	受惠金額（每月、元）	附加保障金額
資產不超過 4 萬元	綜合援助	長者綜援基本金額 3,600 元	可領取住屋津貼及其他補助
資產不超過 15 萬元	高額長者生活津貼	3,500 元	若然投放 10 萬元公共年金計劃 3,500 + 550 = 4,050 元
資產不超過 33 萬元	長者生活津貼	2,500 元	若然投放 20 萬元公共年金計劃 2,500 + 1,100 = 3,600 元
資產超過 33 萬元	可參加公共年金計劃及領取生果金（70 歲及以上）	投放一百萬元男士 5,800 元女士 5,300 元	加上生果金 1,300 元男士 7,100 元女士 6,600 元

註：綜援和長者生活津貼，除資產有規定外，還包括申請者當時的收入，但長者一般沒有工作，其收入多從資產得來，所以只列資產限額。各項計劃的金額只是約數，並不是準確的數字。

　　附表 4.4 所列的退休保障安排，對爭取全民退休保障的團體而言，是不可接受的。第一，安排明顯是根據長者的不同經濟需要，所以並不是香港居民年老時應享的權利。其次，除高齡津貼外，綜援及長者生活津貼都設有資產和收入的限制，對申請者來說，總有一點審查的意味，除會產生標籤的作用外，也有損年長市民士的尊嚴。最後，爭取全民退休保障的團體認為，全民退休保障應是普及性的福利措施（universal welfare），猶如兒童應該享有接受教育的權利，患病市民不論貧富皆可

享用公立醫療服務。現在政府採用聚焦性的方式（selective approach）來協助有經濟需要的長者，實在是倒退的做法。因此，爭取全民退休保障的團體認為，他們爭取的目標仍未達到，他們仍需努力。

　　不過，從另一角度看，若然全民退休保障指的是，長者皆有穩定和可靠的收入來維持基本生活，現在的安排也總算向前踏出一大步；雖然不同的安排有些複雜，也未能完全體現長者應享權利的目的，而資產和收入審查也令長者感到尊嚴受損，但在確保每月有固定收入的角度來看，現有安排也可算是另類的全民退保，可以令不同經濟條件的長者感到安心。在現金安排的生活保障之外，現在長者每年可享用二千元「醫療券」、乘車搭船可享優惠、75 歲後更可享受免費公共醫療服務。回歸後，特區政府在安老方面所作的努力，總算有交代。

附　錄

與社會服務發展有關的諮詢和決策文件

1964 年

　　《香港的教育政策》

　　《香港的醫療和衛生服務》

　　《寮屋控制、徙置及政府廉租屋》

1965 年

　　《香港社會福利的目標和政策》

1973 年

　　《香港社會福利的未來發展》

1974 年

　　《香港醫療和衛生服務的進一步發展》

　　《香港未來十年的中學教育》

1977 年

　　《弱能人士自力更生》

1978 年

　　《高中和專上教育的發展》

1979 年

　　《進入八十年代的社會福利》

1981 年

《學前服務和小學教育》

1982 年

《國際教育顧問團報告書》

1984 年

《公共房屋編配政策的檢討》

《教育統籌委員會第一號報告書》

1985 年

《教育統籌委員會第二號報告書》

《公共房屋住戶資助報告書》

《醫療服務顧問報告書》

1987 年

《長遠房屋發展策略》

1988 年

《教育統籌委員會第三號報告書》

1990 年

《教育統籌委員會第四號報告書》（課程與學生校內行為問題）

《基層健康工作小組報告書》

1991 年

《跨越九十年代香港社會福利白皮書》

1992 年

《教育統籌委員會第五號報告書》（教師專業）

1993 年

《醫療改革諮詢文件：邁向康健》

1994 年

　　《長遠房屋發展策略中期檢討報告》

　　《老人服務工作小組報告》

1995 年

　　《康復政策及服務白皮書》

　　《強制性公積金計劃》

1996 年

　　《維護公屋的合理分配政策》

1998 年

　　《長遠房屋發展策略白皮書》

　　《香港社會福利發展五年計劃 1998 年檢討》

　　《綜合社會保障援助計劃檢討報告書》

1999 年

　　醫療改革哈佛顧問團報告書：*Hong Kong's Health Care System: Why & For Whom*

2000 年

　　《你我齊參與、健康伴我行》醫療改革諮詢文件

2002 年

　　《拹調學前服務工作小組諮詢文件》

　　《教育改革進展報告（一）》

2003 年

　　《人口政策專責小組報告書》

　　《教育改革進展報告（二）》

2004 年

　　《教育改革進展報告（三）》

2005 年

　　《創設健康未來——探討日後醫療服務模式討論文件》

2006 年

　　《教育改革進展報告（四）》

2008 年

　　《掌握健康、掌握人生》

　　《整筆撥款津助制度檢討報告》

2010 年

　　《醫保計劃、由我抉擇》

2012 年

　　《社會福利長遠規劃報告書》

　　《人口政策督導委員會 2012 進度報告書》

2014 年

　　《自願醫保計劃公眾諮詢》

　　《房屋未來關鍵時刻聚焦供應》

2016 年

　　《香港 2030+：跨越 2030 年的規劃遠景與策略》

本書用詞簡釋（按英文字母排列）

社區照顧（Care in the Community）

　　1972 年，政府發表《老人服務工作小組報告》，主旨之一是在可能的情況下，盡量鼓勵及協助需要照顧的長者留在社區，避免他們過早的入住院舍。這種策略稱為「家居照顧」，與當時外國流行的「社區照顧」十分接近。此後，安老政策皆以「社區照顧」模式為藍本，有時稱為「原區安老」（Ageing in Place）或「非院舍照顧」（Non-institutional Care），意思是相同的。

慈善機構（Charitable Organization）

　　香港的慈善機構有悠久的歷史。香港開埠初期，外國慈善組織和教會在香港成立分會，推行各項救濟和慈惠事業；及後，本地華人也紛紛成立類似組織，如東華三院和保良局等。到第二次世界大戰後，香港難民數目驟增，外國和本地的慈善機構數目迅速增加，服務範圍不斷擴大。到上世紀八十年代，海外捐款銳減，不少外國慈善團體結束在香港

的工作，而本地的組織多轉為志願機構（Voluntary Agency），接受政府的資助，但一些組織仍保留慈善機構的名稱，如香港賽馬會慈善機構（Hong Kong Jockey Club Charities）。

國民基本生活收入（Citizen Basic Living Income）

近兩三年來，談論較多的社會政策概念，是不論貧富和需要的「國民基本生活收入」。2016 年，芬蘭是首個試驗推行「國民基本生活收入」的國家，目的是減除過去種種不同形式的津貼，節省因審查而涉及的行政費用。「國民基本生活收入」類似過去提議的「負入息稅」，但兩者均要求政府負起龐大的財務責任，所以芬蘭的試驗計劃，無論成功或失敗，對世界社會福利制度的發展均會有重大影響。

企業社會責任（Enterprise Social Responsibility）

對於私營企業來說，賺錢是經營的首要目的；企業若沒有利潤，也無法生存。不過，企業既取之於社會，對社會也應負上責任。以營商的道德而言，企業最重要的責任是「貨真價實」，不使用欺騙手法來賺取利潤；其次是合理地對待員工，不壓制和剝削；最後是向社會大眾有所交代：不違規破壞生態，不屯積居奇，不用惡劣手法瞞騙消費者。更進一步的是，企業在賺錢之餘，還透過各種途徑回饋社會，參與義務工作、服務社群。

附帶福利（Fringe Benefits）、職業福利（Occupational Welfare）

在工業社會裏，工人的收入依賴從工作得來的報酬，用以應付自

己和家人的生活需要。不過，工人收入有多少，主要視乎他們的工作能力，與應付自己和家人的需要沒有直接關係。為了協助員工應付生活需要，僱主常在工資以外附加其他福利，例如，工人患病時，可得病假和醫療補助，因工受傷可得賠償，年老時可得退休金等。這些福利，今天成為開明社會的應有措施，也是僱主必須承擔的責任。「附帶福利」初時只在企業中設立，現在是僱員依法享有的權利。「附帶福利」因與工作條件有關，又稱「職業福利」。

醫療融資（Health Financing）

香港政府於二十世紀九十年代初開始，進行一連串增加醫療資源的諮詢工作。香港用於醫療的資源約佔生產總值的 8%，公營和私營部分各佔一半；病人求診的比例卻不平均，公立醫院接收九成病人。為了避免過分倚重公營部分，也為了讓整體醫療資源有效運用，香港政府於過去二十年，不斷提出各種醫療保險和儲蓄計劃。建議雖一個接一個，但至今仍未有社會共識，醫療融資方案多胎死腹中。

收入分配與再分配（Income Distribution & Redistribution）

收入分配又稱為第一層分配（First Level Income Distribution），指的是工作人口的所得，即他們從工作中的收入。第一層收入分配較不平均，因反映的是勞動力的差異，而為了避免不平均收入所引起的社會矛盾，及滿足基層工人生活上的需要，政府須實行第二層分配，即透過稅收和各種福利措施（包括社會保障）進行入息轉移，收窄社會整體收入分配的差距，及使低收入者可維持自己和家人的生活。

宗親會、同鄉會、街坊福利會（Kaifong Association）

　　香港開埠初期，香港與鄰近地區往來頻密，大量內地居民來港經商或居留。在港逗留期內，來自不同城鎮或宗族的內地居民，常自發的組織起來，互相幫忙。上世紀戰後五、六十年代，這些宗親會和同鄉會發揮的功能如福利機構一樣，例如贈醫施藥，發放救濟物品，興辦學校、幼兒園、護老宿舍等。與宗親會、同鄉會性質相同的，有政府協助成立的街坊福利會（第一間於 1953 年成立），作用是在地區層面，鼓勵居民守望相助。自政府於上世紀七十年代大力發展各項社會服務後，宗親會、同鄉會和街坊福利會等組織，扮演的福利角色逐漸減弱。

整筆過撥款（Lump-sum Grant）

　　「整筆過撥款」在民間稱為「一筆過撥款」。因「成本計算方法」太繁複，機構運用資源受到諸多限制，2001 年開始，社會福利署改推「整筆過撥款」制度，方法是按各項服務的服務標準計算資助金額；機構接受資助後，有較大彈性運用資源，如員工的資歷和職位分工等，機構可按實際情況自行決定，但必須向社署匯報服務的數量及成效。「整筆過撥款」的目的，是讓經營機構在推行服務時有更大需活性，但資助制度的改變，也帶來行政上的混亂及員工之間的矛盾。

M型社會（M Shape Society）

　　這是日本策略經濟學者大前研一首創的名詞，用來形容日本自上世紀九十年代開始，由於經濟停滯不前，僱員的實質工資沒有增加，以前

人數佔多數的中產階層，部分向下流動，而少數向上升，就如英文字母 M型的狀態。中產階層是穩定社會的支柱，一旦人數減少，難免造成社會不安和動盪。

負入息稅（Negative Income Tax）

政府徵收稅款，其中重要一項是從僱員收入中收取入息稅，常是收入愈高，繳交的稅款也愈多，即一般稱的累進式（Progressive）的徵稅方法。負入息稅的作用正相反，收入微薄的僱員，不但不用繳交稅款，且按比例獲取政府的津貼，收入愈低，得到的津貼也愈多。負入息稅的目的，是要取代繁複的福利制度，以單一的措施來協助有需要的人士，但因涉及龐大的資源和開支，實行的例子寥寥可數。

隨收隨付（Pay-as-you-go）

這是社會保險計劃的運作模式，即當計劃收到繳款時，隨即發放給合資格的受惠者。例如，一些國家實行社會保險形式的退休金計劃，現時僱員和他們的僱主所繳交的退休金供款，會即時拿來發給已退休的人士。因此，社會保險計劃涉及代際間的入息轉移（Income Transfer），而經過一段時間的運作，社會保險計劃常出現入不敷出的情況。

福利政治化（Politics & Welfare）

福利的作用是滿足人們的需要，但隨着福利的範圍和數量不斷擴大，福利不單成為社會重要的制度，也是政府承擔的主要責任。以香港

為例，現在特區政府用於教育、醫療衛生、公共房屋、社會保障和福利的開支，約佔政府每年的經常開支三分之二。因此，福利開支經常成為選舉時的重要議題，政黨為了爭取選民的支持，也必須在福利發展上作出承諾。自 1991 年開始，政府在立法機構引入直選議席，從此，福利蒙上政府色彩，福利涉及的不再是純粹滿足市民的需要。

危機分擔（Pooling of Risks）

危機分擔是指在人生路途上，一些無法預測的危機，如患病、傷殘、死亡等，常帶來額外的支出，甚至危害生命。人一旦遭遇危機，傳統的應對方法是倚賴家人和親友的支持，但到了現代工業社會，傳統支援系統發揮的功能逐漸減弱，取代的是各種互助組織，如工會、合作社、行業團體等。及後，政府承擔保障國民福祉的責任，設立各種社會保險計劃，建基的是「危機分擔」的概念，即平日由參與者繳交小量款額，到他們遭遇危機時，可從共同積累的基金中獲取支援和協助。

「貧窮線」（Poverty Line）

「貧窮線」是為量度貧窮人口數目而劃分的界線，收入在「貧窮線」以下的市民成為援助的對象。訂立「貧窮線」的方法有多種，而以住戶收入中位數的一半（50%）為劃分界線的，是最普遍採用的方法。住戶收入中位數的一半是相對性的標準（Relative Standard），好處是能夠反映社會的經濟狀況，卻無助量度政府的扶貧力度，因相對而言，社會上總有一定比例的貧窮人士。

壓力團體（Pressure Group）

「壓力團體」一詞首先出現於上世紀七十年代末，是政府用來形容一些在社會議題上向政府施壓的團體。七十年代，香港經濟突飛猛進，而在香港或海外受教育的新一代，認為香港當時的社會狀況有改善的必要，紛紛要求政府進行改革，除公開發表意見外，更組織各種社會活動，如舉辦論壇、發動遊行和請願。當時活躍於社會的壓力團體包括：香港專業教育人員協會、基督教工業委員會、香港觀察社、社區組織協會等。

私營化（Privatization）

私營化是縮減公營部門的方法。「福利國家」制度推行後，眾多影響國民生計的業務由國家經營，成為國家企業。在「福利國家」制度高峰期，英國的水、煤、電，甚至鐵路、航空，皆由政府經營。到上世紀七十年代末，保守黨執政，政府進行各種私營化活動，包括：把一些國營企業轉化為上市公司，另一些脫離政府成為法定公共機構，又把部分工序外判，將服務委託非政府機構經營等。這些措施稱為「私營化」。

甄別與普及方法（Selectivism & Universalism）

在政策制定的過程中，最重要的考慮是資源的運用，因在一般情況下，資源不足以應付全部的需要。例如，為失業人士而設的生活補助，如全部失業人士皆可無限制的領取，資源一定不足夠；所以，某種形式的收入和資產審查是必須的，使需要較大的失業人士優先得到援助，這

就是利用甄別的方法來分配資源。但甄別的方法有「標籤」作用，令一些有需要的人士，因不願接受審查而得不到援助；因此，有主張利用普及的方法，讓所有符合準則（如年齡到達 65 歲）的人士皆可得到相同的福利，弊端是運用的資源十分龐大，每位受助者得到的卻較少，不足應付需要。

自負盈虧（Self-financing）

香港的社會服務多交由非政府機構經營，經營費用可向政府尋找資助，所以稱為資助或補助服務。近年來，非政府機構（或非牟利組織）為了擴充服務範圍和數量，突破政府資助的限制，常興辦一些與受資助服務類同的「自負盈虧」服務，即無論是賺錢或虧本，皆由機構一手承擔。例如，專上教育方面，學院設有自資課程；醫護方面，有收費高昂的自資病床；福利方面，開辦針對收入較高階層的自資服務。

社會資本（Social Capital）

人各有自己的資本，如天賦的才能和智慧。個人資本外，人還可擴大自己的活動範圍，建立更廣泛和穩固的資本。傳統以來，家庭是社會的最基本單位，也是個人密切的關係網絡，能為個人提供支援和協助。這樣的關係網絡可推廣至求學時認識的同學，居住時交往的鄰舍，工作時合作的夥伴，參與的宗教團體、工會和專業組織等。換言之，人除了本身擁有和積累得來的資本外，還與外間建立各種合作和互相倚賴的人際關係，這就是人的「社會資本」。

社會企業（Social Enterprise）、第三部門（The Third Sector）

董建華出任特首時，曾主張發展「第三部門」，意思是在公營部門和私營部門之外，應有存在於前兩者中間的組織和機構；它們不按政府部門的程序運作，也不如私人機構以牟利為目的。「第三部門」的存在意義，是發揮人們守望相助和互助合作的精神。曾蔭權出任特首時，提出「社會企業」的概念，意思是這些機構，應以服務社會的弱勢社群為目的，但也應運用私人企業的營商手法，務求企業不至成為倚賴政府資助的組織，也同時可以為弱勢社群提供就業和獲取服務的機會。

社會共融（Social Inclusion）

歧視是無可避免的社會現象。歧視的起因，可能源於膚色、種族、語言、信仰，或只是衣着上的差異，及不同的生活習慣、收入的高低等。對於歧視行為，社會非但不鼓勵，且多立法禁止。不過，懲罰的法例是消極的，更重要是透過積極的措施，令擁有不同特徵的人士有接觸的機會，增加彼此的認識，並鼓勵他們互相了解，最後達至和諧共處的境況。簡單來說，「社會共融」是製造彼此接納和包容的氛圍；政府在推行政策時也應以此為目的，減少社會分化的出現，更不應讓政策成為歧視他人的藉口。

社會保險（Social Insurance）

社會保險是相對於私人或商業保險說的。保險有悠久的歷史，作用是應付一些突發性事故，減低及避免個人損失，及保障事主及其親屬的

利益。工業革命出現後，工人受到事故傷害的次數增加，但他們未必得到保險的保障，也多沒有能力購買私人保險。1883 年，統一後的德國設立集體形式的社會保險計劃，僱主和僱員必須定期繳款，政府也有補貼，保障的是工人的醫療費用及相關支出。經過百多年的演變，今天社會保險涵蓋的範圍十分廣泛，包括年老退休、醫療費用、失業、傷亡賠償等。

社會網絡（Social Network）

人並非獨立生存，自然地與不同組織建立關係，包括自己的家人、親戚、朋友、鄰舍、同事等。這些關係可以非常密切，如父母與子女，也可以較為疏遠，如只會打個招呼的鄰舍和同事。總括而言，圍繞人身邊的，有不同性質和深淺關係的網絡，使人不至生活在孤島之中。這些人際網絡的性質雖有差異，但作用除豐富人的生活外，還讓人遭遇困難時得到適切的幫助。從社會整體的角度看，只要這些網絡是健康和完整的，社會便會較穩定；從個人的角度看，自己有可依賴的網絡，生活也較安全。

社會規劃（Social Planning）

經濟和社會發展（Economic and Social Development）是「施政報告」和「財政預算案」常見的用詞，但發展必須有規劃，否則任何發展大計只會成為空談。

早於上世紀六十年代，香港政府對各項社會服務的發展皆有詳細規劃，例如，推行九年強迫免費教育的時間表、醫療病牀與人口的比例、

各區福利設施的數目等。到了七十年代，福利服務有「五年發展規劃」（Five-year Plan for Social Welfare Development），醫療和復康服務更有以十年為期的「程序計劃」（Ten-year Program Plan）。在其他國家和地區，社會規劃有更廣泛的意義，指的是整體社會的發展。

社會政策（Social Policy）

　　社會政策有兩個含意：一是指學科的名稱，如英國一些大學便設有社會政策學系（Department of Social Policy）；二是指關於某些公共服務的政策。無論是學科或政策，涵蓋的都是一些與社會或國民生活有關的措施。這些措施，一般包括教育、醫療健康、房屋、福利、勞工和社會保障。近年，社會政策涉獵的範圍不斷增加，人口規劃、環境保育、社區建設等也成為社會政策的研究課題。

社會工資（Social Wage）

　　對眾多低薪工人來說，每月領取的薪金可能不足養家，有時連支持自己的基本生活也不足夠。但在市場經濟為主導的社會裏，僱主就是願意加薪，也必須按供求的規律訂立薪酬的水平。這樣，低薪工人如何應付生活需要？因此，政府必須承擔責任，例如提供免費教育，興建租金低廉的公共房屋，設立象徵式收費的公共醫療，實施各項社會保障措施等，目的是變相增加工人的收入。換言之，低薪工人除去本身的收入外，還可藉着政府提供的社會服務，滿足生活各方面的需要。政府透過社會服務給予工人的入息轉移，稱為「社會工資」。

資助制度（The Subvention System）

　　基於歷史原因，香港的學校、醫療設施、福利機構，多交由非政府機構辦理，政府提供資源。不同領域的社會服務，資助方式是有差異的，就是在同一領域內，制度也隨時代而有改變。以福利服務為例，1981 年前實行的是「酌情資助」（Discretionary Grant System），由政府訂立資助數額，資助機構只可接受或不接受；1981 年後推行的是「成本計算方法」（Unit-cost Subvention），政府計算各項福利服務成本，資助機構按成本推行服務；2001 年開始，社署實行的是「整筆過撥款」。

第三條道路（The Third Way）

　　第二次世界大戰後初期，西歐各國推行「福利國家」制度。至上世紀七十年代中，「福利國家」制度的弊病逐漸浮現，受歡迎程度大不如前。以英國為例，1979 年的國會選舉，保守黨重新執政，戴卓爾夫人成為首相，她採用「新保守主義」（Neo-Conservative）理論，削減公營部門的規模，公共開支大幅減少。至 1997 年，英國國民對保守黨執行的緊縮政策並不滿意，工黨重新執政，首相貝理雅提出「第三條道路」，大致是指在「福利國家」和「新保守主義」兩者之間的路線：保持相當公營部分，也利用市場來提高服務效率，增加個人承擔的責任。

滴漏理論（Trickle-down Theory）

　　第二次世界大戰結束後，歐洲各國重新發展經濟，當時的想法是：只要經濟發展起來，整體財富增加，有生產能力的人最先得益，到他們

的收入增加了，為了改善自己和家人的生活，自然提高消費，其他階層也會得益。以海綿吸水作比喻，只要有充足的水，最上層充滿了，水自然向下流，直到整個海綿都滿滿是水，這就是「滴漏理論」。初看不無道理，但事實證明，水就是從上流下，分配會平均嗎？近年研究多對「滴漏理論」的真確性有質疑。

全民退休保障（Universal Old Age Pension）

近年不少關注團體促請政府設立全民退休保障，什麼是全民退休保障？現在香港特區政府為年老人士提供的生活保障，包括綜合援助、長者生活津貼及高齡津貼（生果金）。除政府設立的社會保障外，從 2000 年開始，僱員必須參加「強積金計劃」，於 65 歲時領取一筆金錢作退休之用。這樣退休保障安排，部分人士明顯未能受惠，如家庭主婦，或擁有少量資產卻超過審查標準的年老市民。因此，關注團體要求政府設立全民退休保障，待市民到了年老時（多指 65 歲），皆可每月從政府處領取一定數額的退休或養老金，以應付基本生活開支。

志願機構（Voluntary Agency）、非政府機構（Non-governmental Organization）

戰後初期，一般開辦救濟和其他福利服務的機構，通稱為慈善組織。到上世紀六十年代，慈善工作逐漸減少，民間福利機構為了有別於營辦相同服務的政府部門，如社會福利署，開始自稱為志願機構，顯示它們的工作和服務並非由政府指派，而是依據機構本身的宗旨。到

1991 年，政府發表社會福利白皮書，志願機構跟隨白皮書的建議，改稱為「非政府機構」（Non-governmental Organization, NGO）。

代用券（Voucher System）

政府提供的公共服務，數量常供不應求，但市場上可購買的相同服務，卻未能充分利用。解法辦法之一，是政府發放代用券，給予合乎資格卻仍在輪候的市民，在市場上購買所需服務。另外，一些服務政府沒有經營，如幼稚園，政府可利用代用券，協助有需要的家長。學前教育代用券是市民較熟悉的一種，近年政府加入長者醫療券，而為了協助輪候社區支援和院舍服務的長者，社會福利署也正試行代用券。代用券有較大靈活性，受助市民可利用市場上類同的服務，弊端是代用券的金額常不足夠，使用者必須負擔額外支出，方能購得所需服務。

福利權利（Welfare Right）

隨着「福利國家」制度的建立，福利權利也受到關注。西歐各國於戰後紛紛推行「福利國家」制度，首先要訂明的是國民應享的權利，例如，兒童應有受教育的機會，患病的應有權接受治療，退休人士應該享有生活保障等。國民享用福利的權利一旦得到確立，政府便有設立相關措施的責任。到上世紀七十年代，聯合國草擬《經濟、社會與文化權利國際公約》，加入簽署的國家負有落實其中條款的責任，但文件也說明，相關措施的設立及推行日期，要視乎各國實際的社會和經濟狀況。

福利國家（Welfare State）

「福利國家」的定義，簡單來說，就是由國家負責國民的福利。「福利國家」的概念，首先提出來的，是主張溫和社會改革的學者，如二十世紀初於英國倫敦經濟及政治學院任教的 Sydney & Beatrice Webb 夫婦。由這些學者組成的「費邊社」（Fabian Society），經常發表文章和研究報告，分析社會問題，其中包括醫療制度改革、貧窮的現況及成因等；他們更積極參與各種社會和政治活動，爭取公平和正義。「福利國家」常與「福利社會」（Welfare Society）混在一起，但前者着重的是國家和政府的責任，後者着重的是以國民福祉為重的社會制度，兩者的意義稍有分別。

白皮書（White Paper）

「白皮書」是英國政府發表政策文件時的名稱，其後引用來香港。回歸前，香港政府制定政策時，一般是先發表「綠皮書」（Green Paper），因文件封面採用綠色印刷，作用是諮詢有關團體和公眾的意見；意見收集後，政府會作出調整，修訂後發表「白皮書」（封面是白色），即成為政府的既定政策。這種政策制定的程序並非固定，政府可不經諮詢而作出決定。回歸後，特區政府一般採用的方法是：先發表諮詢文件，然後制定政策，也較多在「施政報告」發表時，向市民宣佈和交代。